11歳の教室。

崩壊学級再生への道のり

平田ゆきえ　著

本書に書かれた内容は、すべて事実に基づいています。しかし、プライバシーの保護、人権を守るという視点から、人名、団体名、地名等は変えてあります。ただし、事の本質については変更を加えてありません。事実をありのままに伝えることにより、この本を手にされた方々がより客観的に状況を把握され判断されることを願って、あえてそのまま記述することにしました。

プロローグ

長い闘いが終った。しかし、このクラスを引き受けたことを後悔した瞬間は一度もなかった。というより、立ち止まっている暇がなかったのかもしれない。今なすべきことを来る日も来る日も考えた。わたしの持てるあらゆる知恵を総動員した。そして、目の前の子どもたちを何度も信じ、その心に寄り添ってきた。毎日がこれまで22年間の教育実践を試されているようでもあった。

崩壊学級は今や全国の小学校のほぼ一校に一クラスは存在するとさえいわれている。しかしその原因や状況は一様ではない。私が出合ったこのクラスも、その中の一例に過ぎない。しかしまた、私が体験したことはどのクラスにも起こり得ることかもしれないと思うのである。

崩壊の原因はいろいろあった。しかし、ここではあえてその原因を探ることは控えたい。むしろ、崩壊学級と出合い、一日一日をどのように子どもたちとかかわってきたのかをお読みいただき、参考にしていただければありがたいと思う。

CONTENTS——目次

第1章・みんなが悲鳴をあげていた　1学期

第2章・みんながいとおしく見えた日 2学期

第3章 • とうとう3学期　54日の闘い

学級崩壊

自分のことをわかってくれない大人が、自分の目の前に毎日いる。それは子どもにとって、どんなにか苦痛であろうと思う。そして、その大人が教師であり学校においてあたかも常に正しい存在としてあらゆる言葉を放ち、自分を評価する人であれば、なおさらたまらない。

小学校で、5、6年生を担当することが多かった私としても、正直なところ、今まで常に一人ひとりの子どもたちの良き理解者であったとはいい難い。こちらがわかったつもりでいても、子どもの心の中はどうであったのか——と送り出しながらいつも思う。でも、今年も、（あなたたちのことが好きだったよ）と心から思いながら別れの朝を迎えることができたことで許してほしいと願う。

1999年4月、私は6年2組の担任となった。前年度1年生の担任であった私が単発で6年生を持つことになったのには、わけがあった。

私が受け持つことになったこのクラスは、5年生の1学期の半ばごろに起きたある事件をきっかけにして、子どもたちと担任との間に埋めることのできない深い溝ができ、2学期の末にはもはや互いにこれ以上一緒に学校生活を過ごすことのできないほどの状態になっていた。そのために、子どもたちもやり場のない思いをかかえ、日々路頭に迷い、荒れ果てていった。一方、担任も解決への糸口を見出せずに3学期を迎えることになった。そして、学校としては3学期から教師の複数配置などによって事故やけがだけは避ける方向で対処することになり、3学期末を迎えたのである。

子どもたちは、事あるごとに学校の全職員を敵にまわしてしまったかのように「先生なんてみんな同じだ。俺たちのいうことなんて誰も信用してくれない」といっていたという。同じ学校にいてとても悲しい思いがした。

そして、3月末のある日、校長から「6年2組の担任を…」といわれた。正直いって1年担任であった私は今年もまた彼らと過ごしたいと思っていた。しかし度重なる校長の要請に「わかりました。勉強のつもりで引き受けさせていただきます」と答えた。それは「どうせ俺たちのいうことなんて!」という悲痛な彼らの叫びに答えたいという気持ちと、とくに断わる理由がなかったからである。

3月の春休みはいろいろな思いが心の中をかけめぐった。教師不信に陥っている子どもたちと、果たして信頼関係を回復することができるのだろうか。航太に対する子どもたちの拭い去りがたいほどの敵意を解消させることができるのだろうか……と。

そして、その度に呪文のように「この世に悪い子は一人もいない。大人を困らせたいと思っている子どもなんていない…」と自分を励まし（もちろん本気でそう思っているが）、4月を迎えたのである。

出会いの日

4月5日。初めのつどいが校庭で始まった。クラス担任の発表。6年2組はざわついていた。他のクラスは2列に並んでいるが6年2組はほとんど列をなしていない。徐々に担任が発表されていく。「6年2組、平田ゆきえ先生」私は走って列の前まで行った。前の方に女子のかたまり、後ろが男子。後ろの方で手を挙げてあいさつをしてくれる子が見えた。周平だ。「いえい」という声が聞こえる。綜一郎だ。女子も喜んでくれているように見えた。内心（良かった）と思った。

ところがである。校庭から教室に戻ってみると、なんとか子どもたちは席に座ってはいるものの、私が話し出してもあちこちで話をし続けている。仕方なく「私が平田ゆきえです」と自己紹介を始めたが、下を向いて手いたずらをしている者、まったく後ろを向いている者、トランプをしている者、紙に何かを書いている者……。一向に聞く気配がない。誰とも目が合わない……。長い教師生活の中で初めて見る光景であった。それでもめげずに「大切なことを話すのだから聞いてほしい」というと、何人かの子がこっちを向いてくれた。それでも少したつとまた話し声ばかりになる。仕方なく、用意した学級通信を配布することにした。やおら…「先生、ゼニガメって食べられるんですか」と質問する声が後ろのほうから聞こえた。どうやら担任自己紹介の〝好きな物〟のところに書いたゼニガメに目が止まったらしい。勝手なことをしているようだがちゃんと配布物には目を通してくれるようだ。だが安心するのもつかのま、ゼニガメがなぜ好きかを話し出すともう聞いていないのだ。

学級指導のあとは「入学を祝うつどい」が体育館で行われた。それがまた散々であった。ひと言でいうと穴があったら入りたい思いだった。体育館につくなり、しゃべり出す人、女の子のとなりはいやだといっていつまでも座らない人、まっすぐ座れない人、笛であそぶ人、落とす人、友だちにちょっかいを出す人。あげくの果てに「つどい」の真っ最中「腹減ったあ」と大声をあげる始末。職員の目がすっと私にむけられる。自分がこのクラスの担任になったのだと初めて感じた瞬間だった。教室に戻り、しかる元気もなく、手品だけをなんとかこなし（手品をしている時だけは注目してくれた）さよならをした。職員室にもどりながら、あしたからどうしたら良いのだろうと暗澹たる思いがしていた。

第1章 みんなが悲鳴を上げていた 1学期

先生、このクラスは話せばわかるんだよ

4月6日。打ち合わせを終えて教室（4階）へ向かう。階段をのぼり、ふたつ角を曲がると教室が見えてくる。最後の一段を登ってから、大きく息を吸った。そして、一度笑顔を作ってから角を曲がった（どんなことがあっても心が負けてしまわないように、と自分にいいきかせる）。ひとつ目の角を曲がると航太が私を待っていた。彼は5年生の時から教室には入れない。もうひとつ角を曲がると教室の前で何人かが遊んでいるのが見えた。私の姿を見て教室に入る。クラス全体、昨日より前を向いて座っているようだ。大きい声で「おはよう」というと数人の小さな声が返ってきた。今日は、まいっか…。気を取り直して健康観察に移る。「遅刻してきた人」「頭が痛い人」と聞いてもまるで自分が聞かれているわけではないかのようにしゃべり続けている人もいる。

1校時は体育館で離任式がある。教室を出る前に、昨日のことで思ったことを話す。入学を祝う集いのあと片付けの時「もう仕事はないですか」と聞いてくれた人がいてうれしかったこと。でも、おしゃべりをしている人が多くて残念だと思ったこと。怒る訳ではなく、ただ私の気持ちだけを伝え体育館に向かった。体育館では、昨日程おしゃべりはなくなっていた。孝、周平、悟、慎二、圭彦…。努力が見られうれしかった。しかし、初めから、最後までしゃべり続ける者もいた。まるで私を試してでもいるかのようであった。

2校時は、昨日出しておいた宿題「6年2組をどんなクラスにしたいですか」の一人ひとりの考えを読み上げることにした。「友だちがそれぞれどんなクラスにしたいと思っているか読み上げるから聞いてください…」というとシーンとなった。「楽しくて、争いごとのないクラス」「落ちついて勉強のできるクラス」「けじめのあるクラス」「ぶったり、けったりしないクラス」「いつも、みんなで笑って話せるクラス」「6年生として恥ずかしくないクラス」「ちゃんとしたクラス」「楽しくて、しっかりしたクラス」「先生の考えと生徒の考えがうまく混じり合ったクラス」…どの子の言葉からも、このクラスをなんとかしたい…という熱い願いが伝わってくる。読み上げながら私も一つひとつにうなずいた。「ギャグのうけるクラス」という目標を読みあげた時、笑いが起こった。「いや、いや、これは意味が深いよ」というと「おれが書いたんだ」と綜一郎が手を挙げた。「じゃ、座ブトン1枚あげよう」というと、ピースをしてみせた。そして、今日はただ発表だけに留めることにした。本当ならこれらの目標を達成させるためには云々…と続けたいところだが、今、それを伝えることでこの子どもたちの心を動かす自信がまったくなかったからである。

3校時は学級会で座席を決めることになっていた。私は毎年座席はくじ引きで決めることにしているが、その方法をこの子たちが受け入れてくれるかどうか心配であった。そこで昨晩はどう話を進めたら納得してもらえるか考えた末、次のように話すことにした。「昨日みんなが書いてくれた〝どんなクラスにしたいか〟の中には、『楽しいクラス』と書いてくれた人が大勢いました。ところが昨日体育館で座る時『男子のところはいやだ…何かいわれる』とか、『あいつの隣はいやだ』とかいって、全員が座るのにとても時間がかかりました。どうなんだろう、自分が気に入った人と座れて、いやだと思う人が遠くに座っていればそれで楽しいのですか。楽しいクラスといえるのですか」と聞いてみた。すると一瞬みんな黙ってしまった。次の瞬間「そんなの楽しくねえじゃん」という声がした。哲也だ。待っていたかのように私は「そうだよね。哲也さん輝いてるね」といった。そして次のように続けた。「先生はね、大人の人の中には悪い人もいるけど、子どもに悪い子はいないと思っているんだよ。今まで長いこと教師やってきたけど、悪い子は一人もいなかったよ。自分があの人は嫌いと思っていてもね、実は見えているのは、その人のごく一部なんだよ。本当は、その人もいい人なんだよ。先生はね、この世に悪い子は一人もいないと本気で思っているんだよ…」と。すると、「先生、中学には悪いやつがいるよ」という声がとぶ。「いいえ、いませんよ。先生は中学校でも教師をしてたからわかるよ。一人もいなかったよ」といった。本当かなあ…という表情の子、そうかもしれない…という表情の子、そこにいろいろな表情があったが、それ以上何もいう人はいなかった。そして、自分たちは悪い子じゃないんだ…と思えて満足したやわらかな空気が漂っていた。「だから、誰とでも隣同士になれて、誰もが楽しいと思えるクラスにしていこうよ」と話す。すると、後ろの方から「先生、このクラスは話せばわかるんだよ」という声がした。悟の声だった。「そうか。そうだよね」と答える。「そんなわけで席決めはくじ引きにします」と発表する。「ええ…」という声はいくらかしたものの、さっそく、くじを作る手伝いに何人かが出てきてくれた。私は一人胸が熱くなっていた。

この世に正しい暴力はない

3日目。朝の打ち合わせが長引き、9時10分に教室に着く。相変わらず航太は廊下で私を待っていた。彼は5年生の時はクラスの男の子たちにほとんど毎日殴ったり蹴られたりしていたため、教室に入る時は必ず先生と入るようにしていたらしい。それがまた、暴力をふるう子どもたちにとっては気に入らない材料だった。なぜあいつだけ先生に守られているんだ…と。

教室に入ると「先生遅いよ」といわれる。なんだかうれしい。「ごめん、ごめん」といって事情を話す。今日は全員席に座っていた。2校時は学級会でクラスのルールを決めることになっていた。今まで、授業中も遊び時間もなしに席を離れ、遊び出す子もいたクラスだから、どんなルールになるのか心配だったが、実にまともなルールができあがった。「授業中に遊び道具を出していた場合は、取り上げ、帰りに返してもらう。それが、1週間に2回あったら1週間取り上げ」「遊び道具は、あぶなくないもの、高価でないもの、自分で管理できるもの」。本当は、どうあるべきなのか、子どもは、ちゃんとわかっているのだ。

休み時間数人の男子と話すことになった。「先生、航太はね、授業中変な声を出したりするし、人の話を良く聞けないんだよ。それに、嘘はつくし、それで僕たちがしたことじゃないのに、僕たちのせいにするんだ。それを、先生たちみんな信じてしまうよ。頭にくるよ。そんな先生いっぱいいるよ」という。「人の物はとっちゃうし、そんな時の謝り方もふてくされてるし、こいつ悪賢いんだよ。何もかもわかってやってるんだ」。この話をそばで聞いていた航太は「嘘なんかついてないよ」といって怒り出した。すると待っていたかのように数人の子どもたちが航太に手を出そうとする。かろうじて子どもたちをおさえ、その場は終った。

ところが、中休みが終って教室に戻ると、航太が大声で泣きながら、1組に避難していた。1組の金山先生に話を聞くと、航太が休みを終えて教室に戻ると何人かの子どもたちから蹴ったり殴ったりされたらしい。大声で泣きじゃくる航太を別室に連れて行き事情を聞く。「みんなが馬鹿とかいろんなことをいって蹴ってきた」という。誰だか良く覚えていないとのこと。ここで教室に戻り「誰ですか」と問い詰めて「はい僕です」という返事が返ってくるとは到底考えられない（5年生の時、彼に向けられて投げられたコンパスで頭が切れ、何針か縫う事件があった。しかしとうとう投げたという者が最後まで出てこなかったし、誰も彼に謝罪することもなく終っていたのだ）。そこでクラス全体に向かって話をすることにした。「航太さんはね『僕は馬鹿なんだ』といってずっと泣いていたよ。先生がいくら、航太さんは馬鹿じゃないといっても『僕は先生より、みんなのいうことを信じる』っていうんだよ」。みんな黙って聞いている。「みんなだってそうだよ。馬鹿だ馬鹿だっていい続けられたら、自分に自信がなくなってしまうよ。そうじゃないってがんばろうとする力がなくなってしまうんだよ。それから、誰が航太さんを殴ったり、蹴ったりしたのか分からないけど、暴力は、どんな理由があってもふるってはいけないんですよ。この世の中に、正しい暴力はないのです。今まで暴力は理由があればしても良いんだと思っていた人、それは間違いなのです…」と。すると綜一郎が、「先生、それじゃあ航太にだって約束させよ。授業中変な声を出さないとか、勝手な行動しないとか…。4年生の時なんかチャイムが鳴っても帰ってこないで校庭で遊んでいたんだよ。僕たちも航太に暴力をふるってたけど、先生に注意されてやめたんだ。そしたら航太はすごくえらそうになったんだ。僕たちだっていろいろ試したんだよ。航太はもう直らないんだ。先生たちはいいよ。航太と一緒なのは1年か2年。僕たちは6年間一緒なんだ」という。夏江が続けて「先生なんとかしてよ航太を」という。すると次々に「航太は自分の世界に入ってしまって空中に何か書くんだ」「大声で歌い出す」「意味のわからないことをしゃべり出す」……と、いかに自分たちが迷惑を受けてきたかを話し出した。まるでほとばしり出る水のように航太に対して遠慮のない言葉が続いた。ふうん…、そうなの…、と、聞きながら（だからどうしたというのだ。だから暴力をふるっていいのか。だから、どうしたいのだ）と心の中で叫んでいた。いいたい人が全部いい終えた後、次のようにいった。「じゃあ、みんなはどうしたらいいと思うの。航太さんも6年2組の仲間だよ。6年2組の37人がこの1年間、これからどうしていったらいいのか、このまま暴力が許されるクラスでいいのか。一人ひとり明日までに考えてきてください」と伝えた。「方法なんかねえよ」という声がどこからかした。綜一郎の声だった。

このクラスの中で航太は一人、悪者になっている。一昨日体育館で、綜一郎から笛を取られ床に捨てられた圭彦も、座る場所がないと最後まで困っていた広も、航太の話になると、まるで鬼の首でも取ったかのように語り出す。そしてみんなが一つの方向に向けて矢を放つことによって、自分もみんなの仲間になった気になっている。今、航太のすべてが受け入れられない状態の子どもたちに何を語ったら良いのだろう。航太の存在自体を否定するかのような言葉（馬鹿、ごみ、死ね、地球のごみ）がとびかう日々、どんな暴言も彼に対してなら許されてきてしまった長い時間を、その事実を今、どう覆したら良いのだろうか。帰宅する車の中で、夕食を作りながら、…そして、布団に入ってからも考え続けた。そして、一つの答えをみつけ、次の日を迎えた。

人はみんな人に迷惑をかけながら生きている

次の日の1時間目は理科であった。朝、教室に航太と入ってから中休みまでは、ほんの瞬間でも子どもたちから目を離すことができない日々が続いている。2日前の席決めの時も、くじ引きをしている最中いきなり航太が泣き出した。「誰かが殴った」と航太はいう。まわりの子どもたちは「何もしてねえよ」という。机を倒され、道具箱がほうり出されても、鉛筆をぼきぼきにされても「何もしてねえ」「おれじゃねえ」が通ってきた昨年。今、ここで「誰なの」といえば、「先生は俺たちを疑うのかよ。こいつ嘘ついてんだよ」という言葉が返ってくることは目に見えていた。出会って4日目。航太には申しわけなかったが、航太の気持ちをなだめて、その場をしのぐことにした。

事件は教室から理科室に移動する時に起きた。理科室に移動し始めた時、遅れぎみに教室を出る航太に周平が「ふで箱を持っていくんだよ」と優しくいっている声がした。その様子に安心して、理科室の入り口で待つ子どもたちのために急いで走って行って鍵をあけた。ところが航太と周平がなかなかこない。やがて航太が泣きながら理科室にやってきた。わけを聞くと周平が輪ゴムを顔に向けて飛ばしたという。周平は「そんなことしてねえよ」という。しかしよく見ると、見る見るうちに左目の下に輪ゴムの筋の形にみみずばれが見え始めた。「それなら、これは何なのかしら。輪ゴムの跡だよ」というと、周平はにやっと笑い「ごめん。おれがやった」といった。「なぜそんなことするの。簡単にごめんといって済むことじゃないよ」というと「だって航太がぼくにぶつかってきたんだもん」という。航太は「うん、ぶつかっちゃった」と答えた。航太は勢い良く走っていて、意図せず人に当たってしまうことがそれまでにもよくあった。航太に謝らせたあと、「それにしても、だからといって輪ゴムを顔に飛ばしてはいけないでしょう。やってもいい暴力はないんだよ」というと周平は「もうしない…」といった。その一部始終の話をそっとドアのすきまから綜一郎は聞いていた。新しいこの担任が、航太とのトラブルをどのように解決するのか、じっと耳をすまして、聞いているのだ。

理科の授業は「炎のマジック」にした。「まず話を聞く」という習慣が定着していないこの子どもたちに授業に興味を持ってもらうために考えた導入であった。思わく通り、みんなこの実験には夢中になってくれた。

3校時は慎二の手品披露のあと航太についての話し合いとなった。初めに子どもたちの考えてきた方法を発表してもらうことにした。8人の人が考えてきたという。「航太に約束させる」(2人)、「航太の家の人に学校の様子を伝える」(3人)、「家の人に見にきてもらう」(2人)。「口でいったところでわからない。先生たちが協力して直していくべきだ。それでも直らなければがんばるしかないけど、家の人にもさわいでいるところを見てもらう」(1人)。昨日、航太への苦情を得意げに話をしていた者もあとは口をつぐんでいる。いうだけはいったが、ではどうしたら良いかまで考えてはこなかったらしい。考えてはみたが良い方法が見つからなかったという者がほとんどだった。みんなの考えが出尽くしたあと、「先生も一晩考えてきました」といって話し始めた。

「先生ね。よく考えてみたんだけれどね。航太さんがいっぱいみんなに迷惑をかけるって昨日みんないっていたけど、人に迷惑をかけるのは航太さんだけかな。自分は人に迷惑をかけたことがないって人いるのかな……。先生はね、人はみんな誰だって人に迷惑をかけながら生きているんだと思うよ。先生だって今までいっぱい人に迷惑をかけながら生きてきたよ……。だからさ、その迷惑をお互い少しずつがまんしあって、支えあって人間は生きてるんじゃないのかな。そうして少しずつがまんしてもらって支えられていくうちに、人はそれぞれ成長していくんじゃないのかな。でもね、だからといって、どんな迷惑でもかけていいってことはないよ。迷惑の中にも、人それぞれ直せる迷惑と直せない迷惑があると思うよ。昨日もみんなが帰ったあと、床にたくさん紙を丸めたものが落ちていたよ。誰だか知らないけどこういうのは直せる迷惑だよ。人のものを勝手に取ったり、わけもなく平気で人を殴ったり。直せるし、直してもらわなければ困る迷惑だよね。そこでね、航太さんのことも、みんなと同じ、直せる迷惑と直せない迷惑があるんだ。先生ね、ずっと前にね、航太さんと同じタイプの女の子を担任したことがあるんだ。だから、よくわかるんだ。だから直せることは、みんなで注意してあげればいい。でも、直せないことは、みんなでがまんしてあげるんだよ」

ここまで子どもたちはじっと黙って聞いてくれた。私の話が途切れると、「先生、どんなのが直せるの」と、前向きな声があがった。すかさず私は答えた。「嘘をつくとか、大声で歌うとか、へんな声を出すというのは直せるよ。だからみんなで注意してあげてもいい。でもね、自分の世界に入ってしまうのはむずかしいかもしれないね」「先生、ズボンおろしちゃうのは」「当然直せるよ」「そうか……」。クラスの中に「そうだったのか…」という航太に対する理解と受け入れようとする雰囲気が感じられた。と、その時、突然、綜一郎が「ぼく、がまんできないよ」といい出した。昨年度、子どもたちが、航太と担任を囲んで激しいこぜり合いになった時、教頭先生が止めに入り、こんな話を教頭先生がしたことがあったという。「航太君のすること、それは航太君の個性なのだから受け入れてあげてほしい」と。それに対して子どもたちはまったく納得できないでいたのだ。特にそのことに不満を持っていた綜一郎は、「どうしても、がまんできない」という。そこで私は次のように話をした。「これからみんないろんな人と出会うと思う。中学に行って、その先、さらに社会に出て、もっともっと自分とは違うタイプの人たちに出会うでしょう。そんな時『この人にがまんできない』といっていたら、会社3日で止めることになっちゃうよ。大人の中にもよくそういう人いるけどね。さっきもいったけれど、自分だって誰かにがまんしてもらって生きているんだってこと、忘れちゃだめだよ」。そのあとは特に不満の声はあがらなかった。綜一郎も黙っていた。航太のことだけでなく、まさに自分にもあてはまる「迷惑とがまん」の話は少し子どもたちの心に落ちていったようだった。子どもたちはきっと自分の心の中の不満を本当はどこかに落ち着かせたい、納得したいと思っていたのではないか。ただその不満を否定するだけでは心のやり場に苦しみ、ますます不満が募るのだと思う。だからこそ、そばにいる大人は抜いてしまった不満（いらいら）の剣を、納得のいく論理によってさやにおさめさせてあげることが必要なのではないかと思った。

しかるのではなく思いを伝えることから ―犯人さがしはしない―

担任になって1週間。

私が好きだといったゼニガメを学級で飼うことになった。さっそく周平と悟がペットショップまで足を運んで買ってきてくれた。中休みになると、飼育係りを中心にせっせと水そうの準備にとりかかっていた。「石が足りないよ」「水はこれくらいかな」「日に当てたほうがいいんだよ」…なごやかな会話を、とても久しぶりに聞いたような気がした。

はじめての体育。5年生の時は、ほとんどの子が着替えもせず体育をしていたとのこと。また、見学者が多く、体育の授業が成立しなかったと聞く。どう対応しようか迷ったあげく、

「体操服忘れた人」「体調が悪く見学する人」とだけ聞き、名簿に記入することにした。忘れた人には、「今度から忘れないでね。今日は見学してください」とだけ伝えた。見学者には、どこが具合悪いのかていねいに聞いた（それだけのことだけれど、次の体育ではほとんどの子が忘れず体育に参加することができた）。

　ところがその日、体育館からもどると、廊下にトイレットペーパーが散乱していた。心の中では腹が立って仕方なかったが、３校時のはじめに事実のみを伝え、「トイレットペーパー一つさえ、市のお金で購入されているのです。無駄に使う権利は誰にもないのです」と話した。それとともに「先日来、教師用の戸棚から私の物を勝手に取り出したり、棚の色画用紙で勝手に紙飛行機を作って飛ばしている人がいるがやめてほしい」と話す。「みんなを信用すればこそ教室にいろいろなものを置いておけるのだよ。先生の信頼を裏切らないでほしいよ」とだけ話をする。その日以後、誰も戸棚を勝手にあける人はいないし、勝手に画用紙を使う人もいない。思わずしかりたくなる場面でも、まずこちら側の思いを話すだけでも十分に伝わるものだと思った。

ボスは私なのだ

4月14日、学級会でけん玉大会をすることにした。することにした、というのはまだクラスのみんなで話し合いをすること自体が成立しないと考えたので、こちらが決定したのだ。男子の多くはけん玉が好きで特に飛び抜けて得意な子もいる。4月5日に私が手品をしたのをきっかけに、慎二が手品を披露する時間を設けることになり、それならけん玉大会をやってほしいという要請があり、この日4校時に体育館で行ったわけである。体育館で行われたけん玉大会は、それは見事なものであった（新米ながら私も参加させてもらった）。演じる子どもと、それを観る子どもたちとが、けん玉を媒体として心なごむ時間であった。

ところが、みんなが教室にもどり、私が職員室に寄ったその時にまた事件は起こった。私が教室にむかうと4階の廊下で航太が大声をあげて泣いていた。わけを聞くと綜一郎が足で頭を蹴ったという。教室に行き綜一郎にその事実を確認すると、「教室に行こうと引っ張ったら、座りこんでしまったので逃げてきたのだ」という。航太は激しく泣きながら「綜一郎君が蹴った」「頭を蹴った」とくりかえす。それを聞くと綜一郎は、「こいつは嘘をついてるんですよ、先生。いつも何かあるとぼくのせいにするんですよ。5年生の時もそうなんですよ」という。「そう。それでは両方のいい分が違うので、放課後にもう少し話を聞かせて」というと、綜一郎は「いやだ」という。「こいつのためになぜぼくが残らなければならないんだ」という。「あなただって自分がやってもないことをやったといわれていやではないの」と聞くと、「別にいいよ。今日は早く帰らないといけないんだ」という。

給食の後、さよならをすると綜一郎はさっさと帰り始めた。追いかけていくと手をはらいのける。カバンをつかむとカバンをほうり出して走り出した。ここであきらめてはいけない。私も必死に走り、階段の途中で追いつきつかまえた。綜一郎は「ぼくがやったことでいいじゃん。早く帰りたいんだよ」という。「早く帰りたいから、自分がやったことでいいという解決の仕方はおかしいよ。もどりなさい」といいつつ、私より体格のいい綜一郎の腕を押さえるのは大変なことであった。3階のフロアーまで降りた時たまたま作業をしていた5年の先生の姿が見えた。すると綜一郎は急にきびすを返し4階に戻り始め今度はトイレに逃げ込んだ。私はトイレの入り口に立ち出てくるのを待った。中から「ここからは逃げられねえ」という声がした。やがて観念した綜一郎は「じゃ10分だけ」といって話し合うことを承諾した。この時の一部始終をクラスの子どもたちはじっと見ていた。前担任に「それでも教師か！」といい、君臨していた彼が新しい担任の前に観念している姿を見ていた。

解決を急がない。まず話を聞き信じること

話し合いに入っても綜一郎は「いつもこうだよ。航太は嘘をつくんだ。ぼくがいつも疑われるんだ」という。「誰だって嘘をついたことはあるよ。だけど今日航太さんが嘘をついたとは限らないでしょ」というと、「今までずっと航太が何かいうたびに話し合いをしてきたんだよ。ぼくがやってないのにぼくのせいにされて。だれか他の人がやったんじゃないの」といって意外にも泣き出した。「先生は両方を信じているから話し合いをしたいんだよ。綜一郎さんのことを疑っているんだったら話し合いをしないよ。先生は6年2組の担任になってまだ何日もたたないけどね。2組のみんなのことが好きなんだよ。好きだからみんなのことを信じたいんだ。どんな時も…。それなのに2人のいい分がまったく反対なんだもの。先生も困っているんだよ…。もう一度聞くけど引っ張っただけなのね」。「そうだよ」。「そう、わかった。先生は見ていたわけではないもの、2人を信じることにするよ」というと、「嘘だとわかったら航太、承知しないからな」といい残し帰っていった。私と航太は2人になった。航太はすっかり泣き止ん

で、もう別のことを考えている様子だった。しかし、今日はこれでいいと思った。たとえ綜一郎が本当に航太の頭を蹴っていたとしても、それを今日明らかにすることがどれほどの意味があるか。事実を明らかにすることを急いで、『おれたちのいうことをこの教師も信用しない』という決定的な思いを持たせてしまう危険性を考えると、むしろ「信じる」という姿勢を貫き通して良かったのだと思った。

翌日、綜一郎はいつもと違った。朝からおしゃべりが続いている。やがて、話の最中「あーあ」といい出した。あきらかに話を妨害しているのはわかっていた。まわりの子どもたちも、昨日の経緯を知っているだけに、この成りゆきにかたずを飲んでいる様子だった。私が何の反応もせず話を続けていると大きな声でくしゃみをした。一瞬、教室がしーんとなった。「綜一郎さん、みんな話を聞いているんだよ。小さな声でくしゃみをして」というと、「わかった」と答えた。私に注意されることでコミュニケーションをとりたかったのだ…とわかったのは、ずっと後になってからのことだった。

この日の放課後、校長と話をする。明日の学級懇談会を前にぜひこんな話をしてくださいとの話だった。「5日からの子どもたちの様子を見て、こんな点、あんな点と悪い点を挙げてしまったら去年と同じになってしまう。この先生もか、と親は思うだろう。親は暗い過去（去年）

を捨てたい気持ちでいるはず。だから明るいビジョンを語ってほしい。この子たちはこんな力を持っている、こんなクラスにしていきたいと話してください」との話であった。毎年わたしはまず第1回目の懇談会で私の子ども観（子どもをどうとらえているか）を話し、その上で、この1年間の展望を話すことにしている。しかし今年は事情が少し違う。新しい担任への絶大なる期待を持って4月を迎えた保護者に何を伝え、何を伝えないか苦慮していた。その時、校長から話されたことでマイナスな情報は2掛けぐらいで話そうと決心した。毎日が試行錯誤のわたしにとって校長の話しは一つの光のように支えとなった。

初めての学級懇談会

4月16日、この日は朝からとてもつらかった。4月5日から、毎日夜中に目がさめる。さめた時、もうすでに頭の中はクラスのことでいっぱいだ。一度目がさめるともう朝まで眠れない日が何日も続いていた。また学校にくれば子どもたちが帰るまで一時たりとも目をはなすことができない。リポビタンDを1本あけてから教室に向かうのが習慣になっていた。それでも教室に入ると元気いっぱい笑顔で子どもたちの前に立つことができた。しかし今日はどうも元気が出ない。表情も作れないのだ。やっとの思いで放課。学級懇談会の時間になった。

37人中30人の保護者の方が来校していた。昨年度何回も学級懇談会が開催されて、時には、校長、教頭、担任、専科の教師を立会人にして話し合いを続けてきたクラス。どの保護者の顔にも例年のなごやかな雰囲気が感じられない。ひと言でいうと、真剣そのものの表情だ。初めに、担任を引き受けることになった経緯を話し、本題に入った。担任の子ども観として次のような話をした。

「悪い大人はいても、この世に悪い子はいない」と子どもたちに話したこと。また、大人を困らせたいと思っている子どももいないこと。結果として大人を困らせてしまうこともあるが、こどもは常に「いい子でありたい」と思っていること。また、そんな子どもたちに担任としてできる援助について話を続けた。「子どもは子どもなりに一生懸命いろんなことを考えている。その思いにまず耳を傾け、理解し、受けとめていきたい。そして、支援したり、また、時としてまちがいに気付かせ、新しい判断にたどりつけるよういっぱい話をしたい。そして、誰もが安心して学校生活が送れるよう、誰もが学校が楽しいと思えるよう、支えていきたい」と話した。多くのうなずきが見られた。続けて、ここ10日間の子どもたちとの暮しの中で見えてきた子どもたちの良いところと、折にふれ話しかけてきたことを中心に話をした。そして最後に家の人に望むこと、「①どんなささいなことも〝おや〟と思われることがあったら遠慮せずにいってきてほしい、②子どもたちは新しい年度を迎えて、子どもなりにがんばっていこうと努力している。しかし、いえないでいることもあるかもしれない。いつでも子どもの気持ちを聞いてあげられる時間、空間を用意してあげていてほしい」と話をした。

会が終ると何人かのお母さんたちが残った。「うちの子は頭痛もちです。よろしくお願いします」「うちの子は5年の時からチックがでるのです。今、学校ではどうでしょうか」「家庭訪問お待ちしていますから」「うちの子、先生のことチャレンジ精神があるってほめてました」「お母さんたちで楽しい行事をやりたいですね」。この私に絶大なる期待をかけてくださっている。その期待の大きさが、この夜ベッドに入ってからも布団の上からのしかかってくるようにさえ感じられ、いつまでも寝入ることができなかった。

他者の気持ちを伝える

4月18日（日）、家に良介の母から電話があった。先日、朝学校に行くと、良介の防災頭巾の中に画びょうが入れられていて、けがをしたのだという。また、16日には匠から理由もなく頭や背中を殴られたとのこと。受話器のむこうで良介は泣いていた。「5年生の時は、匠君とはとても仲良くてこんなこと一度もなかったのです」という言葉が胸につきささる。なぜ、6年になってこんなことが起きたのだろう（後になってわかったことだが、それは、クラス一丸となって標的としてきた担任が替わったことと、航太に対して表立って暴力はふるえなくなったことで、標的が別の人に変わったに過ぎないことであった）。明日学校に行ってなんといおう。良介はとてもおとなしい子だ。その良介がお母さんにつらい胸のうちを話したのだ。ここで解決できなかったら、良介は二度と本当のことをいえなくなるかもしれない。二度と私に期待をしなくなるかもしれない。ここはまさに1本背負いで決めるような、うむをもいわせず子どもたちの心に落ちる話をしなければならない。失敗は許されないと思った。悪いということが十分わかっていてそれをしてしまう子どもに「いけません」という言葉は何の意味も持たない。くどくどといわず、すっきりとした言葉、そして心にすとんと落ちる言葉をずっと考えつづけた。そして、やっと思いついて床に入った。

次の日、子どもたちに話すチャンスを待った。普通の状況のクラスだと朝一番に話すことだが、いつも聞ける態勢にあるとは限らない子どもたち。下手に話を急ぐと言葉だけが頭の上を通り過ぎてしまう。そして2回目はまったく効果がない。チャンスを待っているうちにとうとう5校時を迎えてしまった。

「この間、ある人が『5年生の時、防災頭巾の中に画びょうを入れられたんだ』と話していたけど、今までそんなことがあった人?」と切り出した。何人かの手が挙がった。「実は6年生になってやっぱり画びょうが入っていてけがをしてしまった人がいるのです」と、そこまで話すと、少しざわめきが起こった。「こんなことをする人はきっとちょっとしたいたずらのつもりだったかもしれない。でもね、やられた人はどんな気持ちだっただろう…。朝学校にきてイスに座ろうと思ったらちくっとして、防災頭巾の中をみたら画びょうが入っていたんだ…。そんなことされたらどうなると思う…。その人はクラスのみんなが信用できなくなるんだよ。安心して学校にこられなくなるんだよ…。こんなこと二度としちゃだめだよ…」。子どもたちはしんとして聞いていた。この日から二度と画びょう事件は起こらなかった。

　放課後、匠を呼んで16日のことを確認するが、「覚えがない」という。すぐにでもおこりたいところだが、ぐっとがまんして、先週の予定表を持ってきてその日一日のことを思い出してもらった。かなり時間はかかったが、やっと「思い出した」といった。本人はふざけてやっただけという。「そう、良介さんはどんな気持ちだったと思う」と聞くと、だまっている。「良介さんはね、他の誰でもない、今まで仲の良かったあなたにそうされたことがつらかったといっていたよ。頭や背中の痛さより、悲しかった、つらかったといっていたよ」と話した。ずっと黙り続ける匠に「あなたももしかして誰かに殴られたりすることある」と聞くと、「うん。哲也にたまにやられる」といった。「そんな時はがまんしなくていいんだよ。先生にいっておいで」と伝える。匠は小さくうなずいた。いじめる側もまた誰かにいじめられている。そんなクラスの状況が徐々に見えてきた。

一日一つのことだけを

給食が始まったその日、まずおどろいたことは、牛乳パックを誰一人としてたたんで片付けないことだ。牛乳ケースの中にパックが山盛りになっている。入学以来この学校は牛乳パックをあけてその中にたたんだパックを5つぐらい入れることになっている。「先生、去年はそんなことしなかったよ」という。去年はたたむどころか、3階のベランダから牛乳パックが下やプールめがけてよく投げ落とされていて、1年生がたびたび拾ってきてくれていたのだ。「牛乳パック、今日からちゃんとたたみましょう。やり方は…」と話し出すと、「先生、知ってるよ」という。悪い習慣と分かっていても誰一人としてもとにもどせない。崩壊は、あらゆる場面に現れ、しかもその流れを誰も止めることができない。「けじめのあるクラス」「ちゃんとしたクラス」にしたいと多くの子が書いていても、いい出せないのだ。行動に移せないのだ。となるとこの集団にとって唯一の新顔であるわたしが、声かけをする以外ないのだ。そのためには、「この人のいうことなら聞こうか」という気持ちにさせなければならない。そのためには一日も早く信頼してもらうこと、そして「この人なんかいいなあ」と思ってもらうことなのだ。

給食に関しては、牛乳パックの次に、身支度を整えることに取り組んだ。毎日確認をし、「明日わすれないでね」を繰り返した。一番苦労したのが、友だちに運ばせたり、友だちに片付けさせたりする習慣（数名）をやめさせることであった。困ったことに、給食を取りにこないで遊んでいる人のために、女子がせっせと運んでしまう習慣がついてしまっていた。「自分のことは自分で」を何度もいい、1学期の最後に徹底したように思う。また、欲しいものを「くれ、くれ」といって個人的にあげたりもらったりすることもやめさせた。そこにはっきりと力関係が見えたからだ。この件については「なぜだ！」と反撃をくらった。その時は次のように説明した。「給食は一人分のカロリーをちゃんと計算して作ってもらっているのです。どうしても食べられないという人は初めに残してもかまいません。しかし、残ったものはクラスのみんなのものですからみんなで分けるのが公平ですね。個人的なやりとりは不公平です。そして、ちょうだいといわれて断れない人もいるよ」と。すると綜一郎がそっとやってきて「先生、今日だけゆるして…」といった。「じゃあ、今日だけね」といって了解した。習慣を変えるときは、時として猶予期間を持つことも必要だと思ったことと、押すばかりでなく、時として引くことで気持ちを受け止めてやりたいと思ったからだ。

崩壊した学級は、あらゆる事柄において、わがままがまかり通り、集団としての規律がなくなってしまっている。しかし、その一つひとつの解決を決して急いではいけない。一日一つのことだけでいい。その一つのことをていねいに語り込みながら、確実に改善させていくことだ。決して、指の間からこぼれるような取り組みをしてはいけない。「先生あんなことをいったけど、結局だめじゃん」と思わせてしまうと、次からの説得力がなくなる。

家の人の思いを伝える —がんばるのは自分だよ—

4月20日。5時間目の国語、落ち着かない。クラスを持ってすぐ気がついたことだが、プリントのような作業的な学習はやれるのだが、クラスのみんなで考えを出し合ったり、思いを語り合うことがこのクラスはできない。そこへもってきて国語はどの学年も最初の単元が物語文。

しかも、思春期の心のゆれを表した物語、本音など出てくるはずもなかった。第一次感想の内容も、まるで茶化したとしか思えないものまで含まれていた。それでも、全員の第一次感想を元に授業を進めていくことにした。ところが授業の半ばを過ぎた頃、綜一郎がふざけ始めたことをきっかけにあちらこちらで無駄話が始まった。おしゃべりを制してから、授業を続けることもできたのだが、とてもそんな気になれない。さりとてどうしたら良いのかもわからないまま、「静かに。机の上のものをすべてしまってください」といった。そして、静かに言葉を選びながら話し始めた（この一年間突然このように話し出すことはめったになく、ほとんど一日または二日間、家で話の筋を考え、言葉を考えてきてから話したのだが）。

「先生は、5、6年生を何回も受け持ってきました。でもね、今年は、いつもの6年生を持つときより、何倍も家で勉強してきてるよ。どんな風に話したらみんながわかるか、みんなが聞いてくれるかなって考えながらね……。ところがみんなの方はどうなのですか。先生が話をしていても聞いていないでとなりの人とおしゃべりをしたり、手いたずらしたり、勝手なことをしゃべったり…。先生ががんばれば、それでみんなに勉強が身につくのですか…。3月25日、みんなのお家の人からお願いしますって頼まれたことがあるのです。それは『5年生の時にできなかった学習をしっかりと身につけさせてください』ということなの。だから先生は一生懸命がんばってるよ。卒業までにしっかりと5年生分も6年生の分も身につけさせて卒業させたいと思っているんだよ。でもね、先生ががんばっただけじゃだめなんだよ。みんな一人ひとり自分が努力しなければ勉強なんて身につかないんだよ……。先生、みんなの気持ちを知りたいよ。これからどうするつもりなのか…」といった。そして、一人ひとりに、今の気持ちを述べてもらうことにした。

突然の私の真剣な様子に、クラス中が静まり返った。「これから話をしっかり聞きます」「勉強と遊びにけじめをつけます」「手いたずらをやめます」「6年生として恥ずかしくない状態で卒業したいです」。教室中に一人ひとりの決意の声だけが響いていた。どの子も真剣な面持ちで決意を述べていた。「明日から本当に期待しているよ」といって「さよなら」をした。綜一郎がさっと立ち、口笛を吹きながら帰っていった。その態度には明らかに綜一郎の反抗的な気持ちが表れていた。暗い気持ちで職員室にもどった。この日、子どもたちに話したことを学級通信に載せることにした。学級の様子を知らせながら担任がどう子どもたちにかかわっているのかを伝えることで、家庭からの後押しをしてもらいたいと思ったからだ。

日々の雑談から共感へ

受け持ってしばらくした頃、一人の女の子が「先生、あげるよ」といって、ゼニガメの人形をくれた。とてもうれしい。すると数日後、良介が放課後みんなが帰った後、「これ先生にあげる」と大事そうにゼニガメの人形をそっとくれた。一人ひとりがこの新しい担任に何かを期待してくれている。そんな心がひしひしと伝わる重い重いプレゼントだ。「本当にもらっていいの」「いいよ」「ありがとう、うれしい」。そこまで話すと後ろもふりかえらず走り出した。

ある日のこと、周平が「先生！　今日やきそばだよ！」という。やきそばはわたしの大好物だ。「先生はどんなやきそばがいいの」と聞く。「やきそばはなんていったってソースやきそばだよ」というと、「やっぱりねー」の返事。

いよいよ給食の時間になった。「先生残念だね。今日かたやきそばだったよ」という。「ええ！」と私。こんなたわいもない会話なのだが、私のことを一瞬でも思ってくれたことがうれしい。

周平とは以前こんなことがあった。最初の歴史の時間、ＮＨＫスペシャル「奇跡の旅立ち」

を見たあと、生命の誕生の歴史を教室中にはりめぐらすため古生物を一人1種類ずつ書いてもらった。子どもたちが帰ったあと遅くまでかかって全員の絵を貼りつけた。次の日、「あ、わたしのがあった」と、口々に話す声が聞こえた。夕べがんばって全員のを貼ってしまって良かったと思っていた。しかし、ビッグバンから始まる23ｍの歴史（1億年が50㎝）を示しながら「なんと人間の歴史はたったの2㎝」という話も、何の感動もなく聞いている（後日わかったことだが『『人間の歴史ってたったの2㎝』と、家に帰って興奮して話してくれました」との話を、家の人から聞いた。ちゃんと話に耳を傾けてくれている子がいたのだ）。むなしい思いでその時間は終った。ところが、放課後、忘れ物を取りにきた周平が「先生、この絵貼るの大変だったあ？」とぽつりといった。「ありがとう、そんなことを思ってくれたの君だけだよ」といって、思わず抱きしめてしまった。周平はまったく逃げることもなく私の腕の中にいた。そしてうれしそうな顔をして「じゃあね」といって帰っていった。そんな周平なのだが航太に対しては相変わらずちょっかいを出し、いたずらをし、暴言をはく。

とびきりけん玉のうまい悟。私も2年前けん玉に挑戦したがなかなか上達しない。悟は新しいやり方をマスターすると「先生、見て見て」といってやってくる。なぜそんなことができるのかわからなくて「どうしてそれができるの」と聞くと、懇切ていねいに教えてくれる。「君の説明とてもわかりやすいね。じゃあやってみよう」といって、やりだすのだがなかなかうまくいかない。そのたびに悟はゆっくりとやって見せてくれる。

事実を把握し、公平に解決する

4月21日。何かの用で校長室に行った。用件が済んだ後、校長からこんなことを話された。

「子どもが殴る行為は、時として、じゃれあいということもある。大人の認識とのずれがある。一生懸命叱った時、『なに、先生いきがってんの』と思われてはダメ…」と。ある本の中にこんな内容のことを見つけたので…とおっしゃっていた。なるほどと思う反面、とても危険なとらえ方だとも思った。いじめる側のよくいう言葉に「ふざけてただけだよ」「遊びだよ」というのがある。その陰でどれだけの子が苦しんできたか。命を落としてきたか。今の6年2組を見る限り、暴力はその程度に差はあっても、明らかに力の上下関係をそのまま表している。配布物のプリントを取ろうとした子の手を意味なくはたく。代表委員になった子の背中を「がんばれよ」といってたたく。「戦いだ」といっていきなりパンチをする。それが対等な関係でないことは授業中にも現れている。ある特定な子（数人）が発言すると必ず野次が飛ぶ。航太が私の説明を聞いて「そうかあ」といっただけで「うるせえ。だまれ！」といわれる。そんなことにいつ頃からか慣れきってしまった彼らは、やられる方も「このくらい平気」と自分にいいきかせてしまう。「本当はいやなんだ」と思う気持ちさえ、枯れてしまっているのだ。そんな状況の中にあって、航太は、そのまんまいやなことは「いやだ」といい、「うるせえ」といわれれば「なんだとお」という。他のやつは文句いわないのに航太のやつ生いきだといって殴ることになる。

しかし、時として、航太の感ちがいということもある。今までいろいろな物を隠され続けてきた航太は、物がなくなると「誰かかくしたあ」といって大声を出す。すると待っていたかのように「ふざけんじゃねえ」という罵声がとぶ。そしてすぐさまそのけんかに割って入らないと手や足が出るのだ。6年生になっても航太の物がなくなってしまうことはまだ続いているが、その都度、「誰かかくしたあ」といってしまう航太を制して、一緒にさがす。すると、誰かが「こんなところにあったよ」といって持ってきてくれる。航太が置き忘れたところから出てきた時は、「忘れてたんだね。人を疑ってはだめだよ」とたしなめる。明らかに、隠されていたと思われるところから出てきた時は、「どうして、あんなところにあったのかしら不思議だね。さがしてくれた○○君にありがとうといおうね」と航太にいう。誰が隠したのかわからなくてもいい。まず疑わない。今、確認されたことだけを元に話をする。

先日もこんなことがあった。6年生になって、まもなくの放課後。正門前に置いてあった航太の自転車がなくなった。「自転車がない！」と叫ぶ航太に気がつき、遊んでいた周平が探したところ植え込みの中から出てきた。「ほら、こんなところにあったよ」という周平を航太は「かくしたなあ」といって殴ってしまったのである。後日、その経緯を綜一郎から聞いた。明らかに誰かが自転車を隠したのである。航太にしてみれば植え込みからとり出した周平が隠したと思えたのかもしれない。でも証拠はまったくない。航太をすぐよんで周平に謝らせた。このでき事は懇談会のあと残られた航太の母親に知らせておいた。航太の母親はとてもびっくりしていらした。

次の日、周平の母親が学校にいらした。昨日お会いしたばかりなのに何だろうと思い話を聞くと、航太の母親から電話があったとのこと。「うちの子が周平君を殴ってしまってすみませんでした」と。「私、びっくりしました。息子が帰ってきてからくわしい話を聞きました。なぜそんなことをいわなかったのと聞いたら、『だって5年生の時、こんなことがあっても何も解決しなかったんだもん。でも、平田先生はちゃんと航太のこともしかってくれるんだよ』といっていました。うれしくて、お会いしてお話したくて学校にきてしまいました」とおっしゃった。昨年は懇談会のたびに航太のことが話題になり、思い余った航太の母親が「うちの子に、みんなと同じようになれっていっても無理なんです」と発言したこともあったという。子ども同士に起こったトラブルを、把握できた事実だけをもとに、ていねいに公平に解決していくことで、子どもだけではなく、保護者同士のもつれた糸もときほぐすことができるのだと思った。

そしてより正しい解決には、より多くの事実を把握しておく必要がある。そんな思いを強く持ち、ある日、専科（音楽、家庭科）の阿部先生に「音楽の時間、何かあったら教えてくださいね」と話したら、「平田先生に何かいったからってどうにかなるの、あのクラス」といわれてしまった。阿部先生にしてみれば、冗談のつもりだったのかもしれないが、今の私にとってはこたえる言葉だった。「どうにかするために、私、担任になったのよ」といいながら悲しくてたまらなかった。

三好先生は火曜日の3校時、書写を教えてくださっている。三好先生は3年生の担任である。年度はじめに、管理職から、「私たちが6年の書写の授業をしましょう」といっていただいたのだが、お断りしたため、管理職が、3年生の書写を持ち、3年生の先生が6年の書写を持ってくださることになったのだ。5年生の3学期いろいろな先生方が入れ替わり立ち替わりこのクラスに入ったため、「おれたちの監視か！」といって、拒絶反応を示していた彼らである。

今年また、例年とは違う状況（管理職が授業にくる）を作りたくなかったからお断りしたのだ。三好先生は、書写の授業が終ると、どんなささいなことでも教えてくださる。とてもありがたい。そして、彼女のきめ細かい、状況把握が一つの突破口となる事件が起きた。

4月27日、書写の時間唐突に綜一郎が航太に向かって「馬鹿」といった。それを聞いて航太も綜一郎に「馬鹿」といい返した。そのことに腹を立てた綜一郎が航太を思いっきり蹴とばしたのである。その一部始終を見ていた三好先生は「暴力をやめなさい」と注意した。すると「航太の言葉の暴力はどうなんだよ」といい返してきたという。「それは君が先にいったのでしょう」というと、「もういいよ！」といってそれから一切話に応じなくなったとのことであった。このできごとが後に大きな意味を持つことになった。

綜一郎の親は、綜一郎が学校で暴力などふるっているとまったく思っていない。また、綜一郎から暴力をふるわれた子も、後がこわくて決して私にいってこない。そして彼は私の目の前で決して、暴力をふるわない。

この日からおよそ2週間後のこと。体育の終った後、航太から「着替えしていたら綜一郎君がそばにきてお腹を蹴った」との訴えがあった。しかし綜一郎は「蹴ってなんかいねえよ。嘘つくなよ」という。航太は、5年生の時に起こったある事件で、まわりの子どもたちから「嘘つくなよ！」といわれているうちに「ぼく、嘘ついちゃった」といってしまったのだ。その時から航太は「嘘つき」にされてしまっているのだ。

この日の夜、綜一郎の母親から自宅に電話があった。「今日、航太君から『お腹蹴られた』といわれてしまったらしいけれど、うちの子は『蹴っていない』といっています」との電話だった。「そうですか。私も事実が確認できなかったのです」と告げた。すると「うちの子は今、野球に夢中で航太君のことは眼中にないんです。正直いって航太君のこと相手にしてません。周平君なんか航太君にひどいことといわれても、にぎりこぶしを作ってがまんしているってうちの子いってました」という。そこまで聞いて、家に伝えるつもりもなかった2週間前の書写の授業中の出来事を話す決心をした。

話を聞き終えた電話の向こうに、一瞬沈黙の時が流れた。そして明らかに力を落とした声が聞こえてきた。「それは聞いていませんでした。そんなことがあったんですか……」と。「でもお母さん、今日私がお話したこと、綜一郎さんにいわないでくださいね」というと「わかりました。私も今あの子が先生を信頼しているのがよくわかりますから…。あの子は学校のこと、何でも話してくれていると思っていたんですけど…。都合の悪いことは隠していたんですね…。これから少し、あの子の話を一方的に信じないで話を聞くようにしたいと思います…」とおっしゃっていた。

事実からしか正しい判断は生まれない。正しい判断があれば、子どもを正しい方向に導いていける。正にこの日から家庭と学校の両輪で綜一郎君を導いていけるようになった。

子どもとともに学習を楽しむ

4月27日、社会の時間「火起こし」することにした。「2年前の6年生がやったときはね、K君という子が一人だけ火をつけることができたんだ」というと、「ええ、そんなに大変なの」という声が上がる。「でも君たちはわからないよ」「じゃあ、まずやってみせるね」といって、机の上で大胆にあぐらをかくとみんなが笑う。「こうやるんだ」といって一通りやって見せると、「早くやらせてよ」と、もうやる気十分だ。グループに分かれて火起こし開始。やがて、煙が出始める。きなくさい臭いもする。しかし、なかなか火は起こらない。ところが1時間ぐらいたった頃、哲也のグループで火種ができた。「先生、火種だあ」という声で、とんでいってみると煙の中に赤々と火種ができていた。急いで鉛筆のけずりかすの中に落として吹いてみた。1回、2回、3回……なかなか炎が上がらない。まわりで子どもたちが必死な私の姿を見ている。吹くたびに煙が目にしみる。しかし、ここで止めるわけにはいかない。祈る思いで吹き続けていると、ポッと炎が上がった。その瞬間、思わず子どもたちから拍手が上がった。なにをたずねても意思表示（手を挙げることさえ）をしてくれなかった彼らからの拍手。煙が目にしみてあふれる涙なのか、感激の涙なのかわからない。「先生、泣いてるの」と、子どもがいう。それから次々と火がつき始めた。私と同じように一心不乱に吹き続ける子に「がんばれ！　がんばれ！」と連呼していると、哲也が「先生って子どもみたいだねえ」といって笑った。「そうかい」といいながら目と目で笑い合った。

笑顔をたやさない

朝、健康観察をする。「頭が痛い人」と聞く。手が挙がると額に手を当てて体温を見る。「少し熱があるかもしれないね、大丈夫?」と聞くと、「うん、大丈夫」という。「だるい人」と聞く。数人手が挙がる。一人ずつの顔をていねいに見つめて「平気?」と聞く。「平気じゃない」という返事が返ってくることもある。そんな時は、「それじゃあ保健室に行ってみる?」というと、「行ってくる」といって、熱をはかってもらいに行く。保健室で見てもらうだけで子どもは安心して帰ってくる。朝のこの時間はとても大切にしている。特に「けがをしている人」と聞いたときは、「どこでけがしちゃったの」「そう」「痛かったでしょ」などとひと言ずつ言葉をかける。

そんな4月も終るある日のこと、朝の連絡をしている最中、哲也が突然いい出した。「先生の顔ってさあ」「なに」といいながら心の中では（また何かいい出した）と思っていた。人の顔を何かにたとえたり、しぐさを真似て笑い合う習慣のある子どもたち、その都度、「そんなことをいうもんではありませんよ。いわれた人の気持ちを考えてごらん」といっても、へへ……と笑うだけ。なかなか止まらない。「なに」ともう一度聞くと「先生の顔って、いつも春って感じがするよ」という。耳を疑った。「なんか、春って感じがするんだ」と、もう一度いう。うれしい。そんな風に感じ取られていたことがうれしいと思った。どんな思いをかかえている時でも決して暗い顔をすまいと思い、4階のフロアーに立った時は必ず笑顔を作ってきた（毎年、朝教室に入る時は必ず笑顔では入ろうと心がけてはきたが、今年はとくにきつかった）。どんないやな場面でも、あきれ果てるほどの事態に直面しても、眉だけはひそめないできた。そのことが、理屈ぬきに心地よく感じてもらえたことがうれしいと思った。

いじめの鎖を断ち切る——一人ひとりと心の糸をつなぐ——

周平はよく航太の物を隠したり、航太に暴言をはく。そんな周平は強いグループのメンバーなのだが、時々グループのメンバーからいじめられていた。それに気がついたのは彼らの会話を聞いているときだった。無視されたり、時として、暴言（うるせえ、だまれ、バカ）をはかれている。ある日、周平は数人の男子に追いかけられ廊下のすみでおもいきり蹴られていた。偶然その場に居合わせ、止めに入ると、「先生遊びですよ」という。「本当に遊びなんですね」と聞くと、双方遊びだという。「でも、おかしいよ。一人の人をみんなで寄ってたかって蹴ることが遊びなんて。周平さん、本当にあなたも遊びだと思っているの」と聞くと、「うん」といった。「そう。でもね、こんな遊びはやめなさい…」といってその場は終ることにした。

それからややしばらくしたある日、休み時間にボールを投げつけられていたらしい。そのときはさすがに助けを求めてきた。そこで投げつけていた2人を呼び、周平自身から「やめてほしい」という言葉をはっきりといってもらうことにした。2人はこの事態に意外な顔を見せていたが、「今日は遊びとは受けとれない」という周平の言葉に、いい訳する余地もなく、素直にあやまってくれた。

ところがなんと、その次の日、周平は航太のリコーダーを隠してしまったのだ。そこで、「そんな意地悪をする君を、今度、困っているとき、助けてあげる気がしないよ」といった。「それでもいいですか」と聞くと、小さな声で「いやだ」という。「あなたは4月のはじめのころ、みんなが書いた昔の生き物を先生が一晩で教室中に貼りめぐらしたとき、『先生、大変だった?』といってくれたよね。あの時、周平さんはやさしい子だなあって、先生思ったよ。だからそんな君がいじめられていたら先生も助けたい気持ちでいっぱいになるよ…。もう、航太さんをいじめるのやめようよ」といった。すると顔をあげて、「先生、わかった」といった。

担任はその子のいいことも悪いことも、見ていてあげること、そして、悪いことをしてしまった時こそ「先生はあなたのいいところもちゃんと知ってるよ」と伝えてあげることが、大切だと思う。子どもの心の糸を1本ずつたぐり寄せながら、いじめの鎖を自ら断ち切る子に育てたいと思った。

養護教諭水島先生の授業

今年程5月の連休を待ちわびた年はない。学校を出るのはほとんど毎日7時を過ぎる。日によっては9時近くになることもある。子どもたちが帰ってからやっと自分の仕事に取りかかることができる。まずその日の出来事を忘れないうちにメモをする（明日のことを考えるのは家に帰ってからだ）。メモのあとはとなりのクラスの金山先生から5年生の時の状況を聞いたり、時にはとなりで起こった出来事について相談したりもする。暴力的な体質は1組も2組も変わらない。1組には航太のようにやられたら大きな声で泣く子がいない分、担任が把握できていない事件が時々起きる。そのため、一人の男の子がこの4月から登校できなくなっている。崩壊こそしてはいないがいじめのターゲットになっている子が4、5人いる。お互いのクラスの様子を話し合い、そのための手立てを相談する。それから修学旅行のこと社会見学のこと、教材購入のことなどを話していると9時になる。

幸いなことに上の娘は今年一年オーストラリアでの生活。下の娘は大学生だがアルバイトをして帰るので遅い。定時制高校に勤務する夫の帰りは11時過ぎ。家の心配をしなくて済むことがこんなにありがたいと思ったことはない。遅く帰っても夫は毎日必ず「今日、どうだった」と聞く。とても深刻な出来事でも思う存分話せるせいだろうか、なぜだか語調が明るくなる。この頃では夫もすっかりクラスの子どもたちの名前を覚えてしまった。

5月6日は養護教諭水島先生の保健の授業がある。連休前に予定を配り、保健学習の予定を知らせると、「やだよ！　水島先生大声でしゃべるんだもん」「おこってしゃべるからやだ！」と強い反応があった。しかし、彼らがそれ程でもないことはわかっている。にくたれ口をたたきながらも毎日必ず保健室に寄る彼らである。

授業は事前に取ったアンケート「自分のからだについて、人とのかかわりについて感じていること」をもとに進められた。2時間続きの授業で1時間目はからだについての疑問や心配に答える授業であった。2時間目は心の悩みについてであった。先生が一つひとつ全員の悩みを読みあげた。「内緒話をされていやだ」「仲間はずれにされたことがある」「殴られるのがいやだ。その人に会うとかくれます」「時々、死ねとかいわれます」「くさいといわれます」…。まさに毎日、起きていることだった。水島先生は3年生の時から、この子たちに性教育を通して、自分のからだを大切にすること、自分の気持ちを大切にすることを教えてくださっている。

「みんなは自由に、安心して、自信をもって、生きる権利があるのですよ。この権利を奪っている人がこのクラスの中にいます。この権利を奪う人は犯罪者です。子どもだからって許されません。……」語気荒く語る水島先生に綜一郎も悟も哲也も圧倒されている様子だった。

「でも、こんなことを書いてくれた人もいますよ。『6年生になったら、○○君が優しくなった。

なんかとてもいい』って」。「優しくなった人って誰でしょう。自分の存在が、人にとってうれしい存在になりたいですね」といって授業が終った。水島先生が教室を出て行くと、「今日もまた水島先生おこってるよ…」という声がした。しかし、悪いとわかっていることだけれど改めて怒りを込めて語られたことで、自分をふり返ることができたのではないかと思う。「おこってるよー」という言葉は、痛いところをずばりとつかれたことによる「照れ」であると思った。

優しさ貯金の話—修学旅行の前に—

クラスを持って、必ず子どもたちに話して聞かせる話がある。修学旅行の前日（5月12日）にこんな話をした。

「あしたはいよいよ修学旅行だね。今までもみんなは家の人と旅行したことがあると思う。そしてこれからもきっとたくさん旅行すると思う。でもね、小学校6年生で行くこの旅は、どんな旅よりも一生心に残るものなんだよ。楽しかったことも、うれしかったことも、くやしかったことも。先生が6年生だった時いやだった思い出もちゃんと覚えているよ。そして、だれにやさしくされたかも忘れてないよ。あしたからの旅行、みんなが楽しかったよ、と思えるたびにしようね」と話したあと、”優しさ貯金“の話をした。

「それは先生が大学生の時のことなんだ。ある日、先生が控え室というところで勉強していたんだ。その時、高橋君という人が確かタバコを吸っていたよ。高橋君という人はね、実はチャランポランな人でね、授業にもあまり出ないし、いつもパチンコばかりやっている人だったの。さて、しばらくすると小川君という人が部屋に入ってきました。小川君は入ってくるなり、申し訳なさそうに、『高橋！　1000円貸してくれないか』というのです。小川君は遠い兵庫県から一人千葉県までやってきて、一人暮らし。きっとお金が足りなくなっちゃったんだろうね。高橋君は、『いいよ』っていって、千円札を1枚出したの。小川君は、『ありがとう。1週間ぐらいで返せると思う』といいました。すると高橋君はなんていったと思う。『返さなくていいよ』っていったんだよ。先生は小川君が部屋から出ていったあと、『だめだよ、ちゃんと返してもらわなきゃ』と強い調子でいったの。すると高橋君は『いいんだよ。小川は今日きっと”助かった。ありがとう“って心の中で感謝してると思う。するとね、きっと小川はいつかどこかで誰かに優しくしてあげると思うよ。その人がまた別の人に優しくしてあげてね。僕が死ぬまでに、きっと、その優しさがもどってくると思うんだ』といったんだよ。先生は背筋がぞくっとする程、この時、感動したんだ。高橋君てすごいやつだなって思ったんだよ。それから先生は人に優しくするたびにね、きっとこの優しさがもどってくるって思ってるんだ。だから人に優しくするのは、まるで優しさの貯金をしてるようだなって思うんだよ。あしたからの旅行で、優しさ貯金がひとつでもできるよう期待しているよ」と。

この日、校長から「日光では、私が可能な限り航太君を見ていますから、先生は、クラス全体を見てください」といわれた。ありがたい。

修学旅行ではちょっとしたトラブルはあったものの大きな事件もなく帰ってくることができた。5年の3学期。ほとんど教室に入れなくなった航太は、保護者の判断で社会見学に参加しなかった。6年になってすぐ「先生、うちの子は修学旅行に行けるのでしょうか」と聞かれた。「もちろんですよ」と答えた。その航太も誰からもいじめを受けることもなく旅を終えることができた。ふだんよりもっと目が届かないホテルの部屋でさえ何事も起こらなかった。

怒りをともにする ―グループの分裂―

子どもたちの要望で体育の時間、バスケットボールをやることになった。要求を受け入れられた子どもたちは喜んで体育館に向かった。ところが、体育館に行ってみると、なかなかゲームが始まらない。綜一郎と周平はボールを蹴って遊んでいる。悟と哲也はゲームを始めるためにみんなに声をかけている。10分ぐらいして、やっとゲームが始まった。ところが相変わらず綜一郎はゲーム中にもふざけてプレーをしていた。まじめにゲームをしていた悟と哲也は腹を立てている様子だ。しばらく成り行きを見ていると悟と哲也が私のところにきた。「先生、つまんねえよ」「ふざけている人がいるんだもの」という。しかし、それが誰かいわない（いえない）。やがて時間となり体育の時間が終った。ゲームを終了して、子どもたちを集めて話をすることにした。

「みんながやりたい、といったので今日はバスケットボールをすることになったんだね。しかしどうだろう、みんな楽しかった?」と聞くと、みんな黙っている。綜一郎も悟も哲也も下を向いている。「……」。「ゲームというのはね、みんなが一生懸命やってこそおもしろいんじゃないかな。一人でも、ふざけてやっている人がいたら楽しくなくなるものだよ。一生懸命やってる人がやる気なくなってしまうんだよ」といった。「なんでもそうなのだけれど、みんなでやる時は一生懸命やろうよ」。その後、「先生のいいたいことがわかった人」と聞くと、全員（綜一郎も）手をあげていた。ふざけていた綜一郎をそのままストレートに注意するのではなく、迷惑をこうむった悟と哲也の怒りを代弁することで自分の行為に気付いてほしいと思った。また、日頃は仲間であるのだが力関係では上である綜一郎への怒りを受けとめ、ともに怒ってあげることで正当な思い、正当な怒りに自信をもってほしいと思った。

しかるチャンスを待ってしかる

その日の放課後、ひまわり学級の先生から折り入って聞いてほしいことがある、といわれた。私のクラスの子どもたち4、5人がひまわり学級の正男くんと出会うと、「うーうー」と、うなって口まねをするのだという。その場に居合わせた先生が、「やめて」といってもおちゃらけた感じで階段を下りていったとのこと。ふだんクラスでもよく人のしぐさをまねたり、冷やかす場面を見かけるので、さもありなんと思った。いつか機会をとらえてじっくりと話さなければと思っていた矢先のことであった。どんなことから話し出そうかと考えた。直接正男くんへの行為に話が及ぶよりも、日常生活の中でお互いが傷つき合っている事実に目を向けさせてから、その一つとして話すことにした。話をすることになったのは、それから6日後のことになった。

「4月から先生はとても気になっていたのだけれど、ずいぶん失礼だなあと思う言葉をよく耳にするよ。友だちを馬鹿にするような言葉でこんなのいやだったという言葉、どんなのがありますか」と聞くと、ずいぶん明るい調子で、「ばか」「カス」「死ね」「あっち行け」「じゃまだ」「どけ」と次々に出てきた。よく見かける光景だが彼らはいとも簡単に相手に対してこのような言葉を互いにいい合っている。「ばかにされたと人が感じるような言葉はいってはいけないよね」というと、日頃、そんな言葉をよく口にする子たちははずかしそうに下を向いた。

「それでは人のまねをするのはどうだろう…。この間ね、ひまわり学級の正男さんと先生が階段を上がっていたらね、たまたま通りかかった6年2組の何人かの人が正男さんのまねをして『ウーウー』っていったんだって。その時、ひまわりの先生は「やめて」といったそうです。でもふざけた感じで通り過ぎていったそうです。その時、「ウーウー」って正男さんのまねをした人は、それが正男さんを馬鹿にしていることだってわからないかもしれないので話しているのです…。人のいい方、しぐさを真似することも人を馬鹿にしていることなのです。これからはやめましょう…」そこまで話すと、どこからか、「あの時のことだべ…」という声がした。

子どもたちはわかってやっていたのかもしれない。しかし、こうはっきりといわれたことで、もうやめようと決心してくれたと思う。

初めてふざけ合えた日

体育で走り高跳びをやったあとは、エバーマット2枚を体育倉庫にしまうことになっている。このエバーマットが結構重い。しかも倉庫がせまいので立ててしまわなければならない。この日は初めて走り高跳びをやった日で、まだやり続けたい気持ちの残る子どもたちは、授業が終ったあと何人もの子がエバーマットの上に乗り出した。一方片付けようとする子は必死でマットを引きずっている。「よーしわかった。今エバーマットに乗っている人全員で片付けてください」というと、いっせいにエバーマットに乗っている子どもたちが逃げ出した。「こらまてー！」といって追いかけると、みんな笑いながらどたばたと逃げる。体育館の外まで追いかけ、階段の下から「逃げた者許さーん」というと、どうするかと思ったらあわててもどってきた。なんともかわいい笑顔で。その後全員でマットを片付けながら、ふざけ合ったあとの心地良さを感じていた。今まで口では冗談をいい合いながらも、体を張ってふざけたのは初めてだった。

体育館からもどると、女子が、「先生、大変です。男子が習字をとばしています」との報告。教室の中に入ると5月の嵐に吹かれて、壁に貼ってあった習字が舞っていた。「今日は窓を開けないでといったのに誰ですか。ベランダに出ちゃった人。風で散らかったもの片付けて」というと、「はあい」と素直に片付け始めた。

ともに立ちもどるステーションを作る—子どもの権利条約の学習—

クラスのみんなでともに感じ合い、確認し合った事柄は、後に同じような出来事に出合った時、「あの時、みんなで話し合ったことは、このことなんだね」と、ともに立ちもどることができる。そんな共感し合う体験を、私は「ともに立ちもどるステーション」と名付けている。

道徳で子どもの権利条約第8条の話をすることにした。

「1989年に国連で『子どもたちにもちゃんと権利がある。それを守ってあげよう』ということが約束されました。その約束の中の第8条にこんなことが書かれています。

第8条〈自分らしさを大切にしよう〉"世界中どこを探してもあなたと同じ人間は一人もいません。どんなときでもあなたが持っている『自分らしさ』を他の人の意見や考えによって見失わないために『自分らしさ〈自分〉』を大切にしましょう"という内容です。『自分を大切にする』ということは『自分の気持ちを大切にする』ことです。いつも人のいうなりになっている人はいませんか。それは自分をそまつにしているのです。反対にいつも人に自分の考えを押し付けている人はいませんか。それは条約違反です。そしてまわりの大人も、たとえ相手が子どもであっても考えに耳を傾けなければいけないのです」と話した。

「ええ、そんなこと条約にかかれているの」

「知らなかったよ」

「条約違反するとつかまっちゃうの?」

「家を継ぎなさいっていわれたら反対してもいいの」

「家の人がぼくの考えを聞いてくれなかったらどうすればいいの」

などなど真剣な質問が次々ととんできた。

「家の人にも、この子どもの権利条約のことをどうぞ教えてあげてください。自分の権利でもあり、まわりの友だちの権利でもあるこの条約をみんなで守っていこう」といって話を終った。「自分を大切にする」ことが条約にまでちゃんと明記されていると知って、自分に自信を持ってほしいと思った。自分を大切にする勇気を持ってほしいと思った。

次の週では第2条、(差別をしてはいけません)について取り上げた。「地球上にはいろいろな人が住んでいます。人種のちがう人、性のちがう人、宗教のちがう人、財産のある人ない人、障害を持っている人、何かがうまくできる人できない人。自分と何かがちがうからといって、変わり者扱いしたり、馬鹿にすることは差別なのです。今までに人を差別してしまったことはありませんか。それは条約違反なのです。今日から人を差別しないために、人から差別されないために、今までのことをふり返ってみましょう」と話したあと、今までのことで思い当たること、差別された経験、差別してしまった経験を書いてもらった。初め、「そんなことねえよー」とか「そんなことわかんないよ」といっていた子どもたちもいたが、次第にあちこちで鉛筆を走らせる音が聞こえ出した。「先生、裏に書いてもいいですか」という子もいた。

1週間後、みんなが書き出してくれた内容を無記名で全員分印刷して配布した。自分がしてしまったことで、友だちがつらい思いをしていたことを知ったり、また友だちも同じことを感じていたことを知り、差別をなくしていこうとする気持ちが育ってくれることを願って取り組んだ。そしてこの時間に〈差別されたと思ったこと〉を読んでの感想を書いてもらった。

■今まで差別をしてしまったこと

・人の顔のことで悪口をいってしまった
・ある人に「くさい」といってしまった

・日光で、ある人だけ部屋に入れなかった
・みんなで一人の人を無視してしまった
・他の人に貸してあげた物を、その人に貸さなかった
・習字の時、床に置いておいた新聞紙をふまれました。その時、ある人には「ふまないで」といったのに、他の人にはいわなかった。これも差別だと思う
・買い物の約束をしたんだけれど1人の子にうそをついて2人で行ってしまった

■今まで差別されたと思ったこと

1. 体のことでいやなことをいわれた（2人）
2. 顔のことについて、いわれていやだった（3人）
3. 人の泣きまねをするなんて差別だと思う
4. 約束をすっぽかされたことがあります
5. ある人と遊ぶとつかれます
6. ある人たちがないしょ話をしていて、私に教えてくれないことがあります。わざとらしくトイレに行かれてしまった

7. グループを決める時、仲間はずれにされた
8. ある子に何かを貸してといっても貸してくれなかった
9. ある人から「アーンパーンチ」といってぶたれた
10. 私がある人のゲームボーイを横から見ていたら「横から見られるのいやだから見ないで」といわれました。でも、他の人がきて横から見ても何もいってませんでした
11. 5年生の時、とつぜん友だちが私をさけるようになりました。その中のAさんが女子のみんなに「○○と口きかないで！」といって回っているのに気がつきました。とても傷つきました。理由を聞こうとしても「あとでね」といわれ聞いてもらえませんでした。非常にさみしかった
12. ある2人がこそこそと紙にへんな顔を書いて殴ったりしています。すごくやな気がします
13. 「お前には貸すのはやだ」といわれた
14. Bくんにソフトを貸してっていったら「ダメー」といって、Cくんには貸していた（多数）
15. 体のことであだ名がつけられている。いやだ
16. ある言葉をぼくがいうと、「うるせえ」といわれるのに、Dくんがいっても誰も「うるさい！」といわない

17. Eくんは人から物を借りる時、「貸せ！」といって、とりあげる。いわれた人たちは、ぼくが「貸して！」といっても貸してくれない
18. ある子が他の人には優しくして私にだけ冷たくしてきた
19. ある人に「お前はじゃまだからどけ」といわれた
20. 朝学習でドッジボールをした時、Fさんが私のこといやみたいな態度をして、いやだった
21. 女子のとなりに座った時、「やだ」といわれた
22. クラブの時にはっきり「へた！」といわれ、やだった
23. 5人で遊んでいる時、3人は静か組、2人は明るい組とかいわれて差別だと思った
24. ずっと前にぼくのことをいじめる人がいた。その人は優しくする人も決まっていた
25. 授業でペアを作る時、さそったら「ごめんね」とことわられた。そのあと、他の人と組んでいた
26. 友だちが遊んでいて、私が行ったら、「なんでくるのー」といわれた
27. 掃除の時、ある人がある人の机を運ばない

■「差別されたと思ったこと」を読んで

○私も26のことをやられたことがあります。その時はすごくつらかったです。だからその人の気持ちがわかります。でも、私もいつくかやってしまったことがあります。これからは自分がされてやなことは人にするのはよそうと思いました

○22番はぼくがやったと思う。下手なものは下手だけど、いうのはいけないと思った

○12番のことでぼくもそういうことがありました。ぼくもいやな気がしました

○11番のことは私のことだと思う。今、仲よくしようと思って話すけど無視されてしまいます。前、あんなことしなければ良かったと思いました

○私も11番のことされたことあります。でも6年生になってからなくなって良かったと思っています

○11番のことはひどいと思う

○3番のことはすごくいやだ。まねをされると、すごくいやな気持ちになる。ぼくも、今されている

○私も14のことをやってしまった。やられた人はけっこう傷つくんだなと思った。これからはやめようと思う

○みんなの文を読んで、自分がやられたことを、やってしまったことが、思った以上にたくさんあった。たとえば9番なんかやってしまった。ぼくはふざけているだけのつもりだったけど、やられていた人は、つらい思いをしてたんだと思った。気をつけようと思った

○ぼくもゲームボーイソフトを貸さなかったことがある。こんどから貸すことにする。でも「貸せ」といってとられたことがある

○9番は私だったらギャグとして受けとるけど、そうじゃない人もいることがわかった

○自分は差別だと思わずやっていても、相手には、こんなにショックだったとは思わなかった。今日、本当の相手の気持ちがわかった

○こんなに差別された人がいたなんておどろいた

○26、27番はひどいと思う

○ぼくはこれを見て、こんなに人がいやがっているなんて知らなかった。特に11はすごくいやだと思う。ぼくはこの中にやったものが2つあった。気をつけようと思う

○私も4番みたいなことをされました。とても悲しかったです。それと、20番をしてしまいました。された人はとてもいやな気持ちになったと思います。もう差別はぜったいしません

○17番を自分もやってしまった。やってしまった人にとても申しわけない

この学習をして、数日たった日のこと、給食の準備のために流しに手を洗いに行った集団の方からこんな声が聞こえてきた。

「それって差別だべぇー」

どんなことが起こっていたのかはわからないが、日常生活の中で、「差別」という視点を持って物事を判断してしていけるようになったことがうれしかった。

変わってきた姿に気付くこと

日々、トラブルの解決に追われていると、何かちっとも子どもがわかってくれていない、成長していないと錯覚してしまいがちである。しかし、一つひとつの出来事を冷静に見ていると、子どもも少しずつ成長し、変化していることに気付く。そのことに担任が気付くか気付かないかは大きな違いであると思う。気付くことは先の希望が見えてくる。そして何よりも子どもへの信頼感が増してくるものである。気付かないと、今していることに希望が見えなくなり、不信感ばかりが増してくる。

5月12日の朝、はじめて航太は、8時30分、まだ担任のいない教室に入ることができた（5

年生の頃は、常に担任と一緒に教室に入らなければ大変な事態が生じていた)。それだけ教室の中に安心できる雰囲気を感じたのだと思う。6月の初旬、暴力によるトラブルがめっきり減っていることに気付く。そういえば、先日も職員室に忘れてきたものがあり、とりに行く時、教科書の丸読みをしているように伝えた。往復全力で走ってもどってみると、教室を出る時と同じように丸読みは続けられていた。思わず「えらかったね」と、1年生にでもいうようにほめたい気持ちになった。4月にはとても考えられないことであった。となりのクラスにいくのもむずかしい状況だったのである。

6月4日は朝から土器作りだった。朝からというのは、土器作りは一日がかりだからだ。あきてしまって、粘土を壁や天井に投げつけやしないか…。そんな心配をしながら学校に着いた。

1週間前に、準備するもの、それまでに作っておくものを知らせておいた。作るのは模様を付けるための道具だ。棒にひもを巻きつけるもの。棒に模様を彫り込むもの。ひもで作った縄など。教室に行ってみると、予想以上に準備ができているのに驚いた。

担任になってすぐの朝学習プリントは半数以上の子がやっていなかった。教室に行けばプリントが7、8枚必ず床に落ちていた。教科書、ノートの忘れもひどかった。そのため、ノートは毎時間目を通し、時間のない時は回収した。持ってきて良かったという思いをさせたいと思った。およそ2ヵ月、教材教具の忘れが減ってきたとはいえ、土器作りに必要な6、7種の準備にもかかわらず例年以上の良い準備だった。

学級通信　6／5号

最後まであきらめない…をテーマに土器、堂々完成！

朝から本当にやる気いっぱいでした。はやる気持ちを押さえてもらって、一通り説明をすると、「わかった、わかった」「作っていい」と早くも手は粘土の袋を開けていました。「自分のアイディア通りに作る」「最後まであきらめない」などの言葉を頭のすみっこに入れてもらって、いよいよ制作開始。

順調に進む人あり、途中「こんなになっちゃった」と途方にくれる人あり。「作り直すなら今だよ」「……」「やっぱり作り直すよ」と一大決心。そんな、こんなしながら、一人ひとり無事に作り終えました。

・土器を作り始めた時、おもしろくてやめられませんでした。
・わっかを組み立てるのがおもしろかった。完成した時はくずれなくてうれしかった。
・ぼくは、作業中何度もひびが入って、途中あきらめそうになったけど、最後まで作って、自分でなっとくのいく土器が出来たのですごくうれしい。

・ぼくはきのう助かりました。…段々大きくなって、大きい皿になってしまいました。3回目はうまくいくと思ったけど、あぶなくなって先生を呼ぼうとしたらこわれてしまいました。「作り直す人」と先生がいったので直そうとしたら、S君とT君が手伝ってくれたので助かりました。

制作中はほとんどあちこちから呼ばれっ放しだった。「先生！　次ぼくのところだよ」「ここどうしたらいいかなあ」「先生、こんなんでいいの…」「ああ、ひび入っちゃったあ、助けてえ」こんなことで呼ばないでよ。さっき説明したでしょ…。といいたいところだが、「ＯＫ！待っててね」といって、机の間を走りまわった。しかしこの頻繁な呼び方は何だろうと思った。一人ひとりが今教師を求めている……、と思った。

途中、航太が大きな声で歌い出した。誰かが「うるせえよ」といった。すると他の子が「いいじゃないか。いつもより静かだよ」といった。初めて、航太の側に立つ声を聞いた。

次の日の土曜日、午後から男子8人で遊んだと聞いた。その中に航太が入っていた。悟が「航太、遊ぼう！」と家まで誘いに行くと、航太の母親はびっくりした顔をしていたが「遊んでおいで」といって出してくれたという。月曜日、航太に聞くと、「すごく楽しかったんだ。

どろんこ遊びしたんだ」といった。

しかし状態はまだまだ行きつ戻りつだった。

ぼくがやった

子どもたちは口チャイムが好きだ。学校では1時間目と2時間目の間のチャイムを鳴らさない。子どもたちの学習状況を見て、切りのいいところで授業を終れるようにするためだ。そのために5分休憩後に鳴らすのが口チャイム。チャイムのまねをして「キンコンカンコーン、キンコンカンコーン…」と大きな声でいう。すると可愛いいことに、何をしてても、片付け始め、席に着く。最近では、最後のコーンで着いて「セーフ」なんていって遊ぶ。トイレから走ってもどる子にはコーンを伸ばしてあげる。それを知ってわざとその辺で足踏みするのもいる。やっと席に着いてから「先生、息が切れて死んじゃうでしょ。早く席についてよ」というとみんな笑う。

水泳学習が始まったその日。

水泳を終えて教室にもどると、航太が床に座って大声で泣いていた。泣きじゃくる航太に理由をきくと、「綜一郎くんから水槽で殴られた」という。綜一郎にきくと、「やってないよ。航太はみんなにからかわれたから泣いてんじゃないの」という。綜一郎と航太のトラブルは常にいい分がまったく正反対となる。航太と他の人たちとのトラブルは今までにも多々あったが、多くの場合いい分に多少のくいちがいはあるものの、大きな違いはない。ところが4月以来、相手が綜一郎の場合だけ「やった」「やらない」とまったく正反対なのである。その都度、「そう……」「先生は見ていなかったのだから、両方を信じるよ」といってきた。今日もそんな終り方をしなければならないのだろうかと思いながら航太を別室に呼んだ。そしてどんな状況だったのか詳しく思い出して話してもらうことにした。

「ぼくが水着のパンツの中からめがねと帽子をだしたらみんなから『きたねえ』『くさってる』って笑われたの。そしたら綜一郎君がやってきて水槽でコンてたたいたんだよ」といった。頭を見ると後頭部にコブができていた。「わかった。綜一郎君にきいてみるね」といって、綜一郎を呼んだ。「ぼくはやってない。そんな気がしたんだろ」と綜一郎は相変わらず「自分はやっていない」という。「でもね、君の推測間違いだよ。航太さんの頭にはコブができているよ」というと、少し黙ったあと、「ぼくがやった」といった。初めて自分がしたことを綜一郎が認めた。しかし、その言葉に続けて彼は、「航太が『おまえの顔はくさっている。ばか。ふざけんな。むかつくんだよ』といってきたんだ」という。航太はそれを目の前で聞き、「そんなこといってないよ」という。綜一郎はすかさず「忘れてんだろ！」といい返す。

「わかった。クラスのみんなのいる前で起こったことなのだからみんなに聞いてみるよ」といい教室に戻った。

教室に向かいながら、まわりにいた子どもたちがどれ程本当のことをいってくれるか心配でならなかった。しかし、聞いてみる他はない。教室に戻り「航太さんが泣いた時、そばにいた人」と聞くと、5、6人の子が手をあげてくれた。その子たちを廊下に呼んで事実を確認すると、「航太は何もいっていなかったよ」「いきなり綜一郎が水そうでコンってたたいたよ」と聡がいった。するとまわりの子たちもそうだといった。うれしかった。4月には何が起ころうとこんなふうに本当のことをいってくれる人は一人もいなかった。クラスで一番こわがられている綜一郎がしたことを正直に担任にいえるようになったことがうれしくてたまらなかった。教室に戻り、綜一郎に「みんな航太さんは何もいっていなかったといってるよ」と伝えると、とうとう彼も観念して、「ぼくの勘ちがいかもしれない。疲れていていらいらしてたんだ……」とぽつりといった。初めて、自分のしたことをすべて認めることができた。それはまわりの子どもたちが彼を恐れず本当のことをいえたからである。一人ひとりと結んできた心の糸の強さが、彼（綜一郎）に対する恐れを上回ったのだと思った。
この日の夜、綜一郎の母は初めて航太の家に詫びの電話を入れた。

喜びをともにする—キックベース優勝おめでとうパーティー—

6月17日からキックベース大会が始まった。全校縦割り班編成による大会である。6年生、1年生、4年生とでおよそ15、16人の班編成。この大会がスタートするにあたって、「6年生全員が班長としての自覚をもって班員の面倒を見てあげてね」と話してきた。

大会当日。ゲームの合間1年生をおんぶしてくれていた弘昌。1年生のミスに何も文句をいわずに許してあげていた公二。ころんでしまった子に「だいじょうぶ――」と声をかけていた聡。審判のできない航太のそばで一生懸命やり方を教えていた弘昌。残り試合がこの日から1週間続いた。この間も航太を中心としたトラブルがまったくなかったわけではなかったが「みんなが班長としての自覚を……」という私の呼びかけに、応えてくれていることをひしひしと感じとれたキックベース大会であった。そして6年2組の8班Bが優勝。この優勝をみんなで祝いたくて6月24日、朝、突然「パーティーをやろう」と切り出した。そして、戸棚からジュースやお菓子を出すと、「先生、太っ腹、ふともも！」という声がとんだ。そしてみんなで乾杯をした。私は子どもたちの成長に心から乾杯をした。

流しの水事件 ―「先生はなさけないよ」―

1時間目が終ったあとの5分休み、「流しの前が水びたしだよ」と誰かが教えてくれた。行ってみると、まるでバケツ1杯分の水をぶちまけたようなぬれ方だった。教室にもどり、2校時目の初め、「誰か知りませんか」と聞いても誰からも返事がない。哲也と悟が顔を見合わせながら笑っている。「先生、1組の人かもしれないじゃあないですか」という声がする。「それがね、今たまたま通りかかった金山先生に聞いたんだけどね、1時間目は1組はみんな図書室に行っていたんだって。今帰ってきたところなんだよ……」「先生……なさけないよ。今までもいろんなことあったけど、先生はいつも犯人探ししてこなかったよ。話せば必ずわかると信じてきたからね……」「自分から正直にいってほしいよ…」といいながら、本当になさけない気持ちになっていた。

教室が静まり返る。哲也も悟も下を向いている。「先生、今から床をふきに行くけど、いっしょにふいてくれる人手伝って……」と静かにいった。数人がきてくれるだけで良いと思っていた。ところがなんと、ほとんどの子が、「先生、雑巾ください」「ぼくにもください……」といって次々に出てきてくれたのだ。哲也と悟もその中にいた。2人ははずかしそうにみんなに交じって床をふいていた。その姿に十分な反省がうかがわれた。自分たちがしたことでクラスのみんなに迷惑をかけてしまったという反省の気持ちが感じられた。今日はこれでいいと思った。

みんながやさしい—「広くんどうしたんだ！」—

給食の準備が終っても広が家庭科室から戻ってこない。みんな、いただきますができずに待っていた。そこに広が泣きはらした目でやってきた。「なにしてたんだよ。おそいぞ！」というと思ったら「広、どうしたんだ」という声がとんだ。わけを聞くと、家庭科のミシンぬいがなかなかできなくて、今やっと終ったのだという。その後は誰も何もいえなくなった。いただきますをして静かに食べ始めた。「みんなやさしいね……」とひと言いった。

夕涼み会、またやりたいね

7月15日に親子親睦会「夕涼み会」が行われた。1学期最後の通信に次のように書いた。

学級通信　7／19号

梅雨の時期のわずかな晴れ間にぴったりと合った夕涼み会は、それは楽しい一夜でした。その前日までなかなか見ることのできなかった夏の大三角形さえも、この時とばかりに美しく輝いていました。思いっきり体を動かして楽しんだゲーム。「明日大丈夫かしら…」といいながらもいつの間には本気になっていたお母さんチーム。少し暗くなり始めた頃、家から持参した御飯にカレーをかけてもらって、ひとときの夕食、そして、デザートのすいか…。すっかり暗くなってから、いよいよ花火大会。今年初めて見る花火の光にわけもなく興奮してしまったのは、私だけでしょうか。校庭のあちらこちらで男女わけへだてなく、無邪気に火種をもらい合う姿にいいようのない感動を覚えました。するとと、ある子がそっと私のそばに寄ってきて「先生、なんか、平和って感じがするね」といったのです。私と同じことを、その子は感じていたのかもしれません…。

次の日の午後、職員室の窓下から「先生!」と呼ぶ声がしました。「なあに」と首を出すと、「夕涼み会、またやりたいね」とその子はいいました。誰もが楽しかったと思えた7月15日の夜。1学期、いっぱいいっぱい頑張った子どもたちへのプレゼント、そんな気がしてなりません。

　あしたからいよいよ夏休み。どうぞ、今度はいっぱい御家庭で楽しませてあげてください。そしてこの休みが一人ひとりの充電期間となり、2学期更に支え合い、学び合える仲間に成長していけるよう願っています。

　わかっていたことだけれど、ちょっとさびしい気がします。では、9月までお元気で。さようなら。

平田ゆきえ

涼しい風に吹かれたせいでしょうか。まっ暗な校庭のあちこちで明明と燃える花火に、心うばわれたせいでしょうか。誰もが、おだやかな空気に包まれていた。

一人ひとりのいいところを伝える——1学期最後の日に——

　1年間の中でクラスの子どもと二人っきりになる瞬間はほとんどない。4月から、朝の廊下で放課後の教室で、たまたま二人っきりになったときはそのチャンスをのがすことなく声をかけてきた。学期に1回ある個人面談は、保護者に子どもの様子を伝えるのが主だが、一番伝えたいのは本人自身にである。だからといって、とり立てて呼ぶのも不自然だ。そこで、一番自然に二人きりになって思いを伝えることができるのが、通知表を渡す時だ。

7月19日。「先生は、この1学期間、皆と過ごしてきて一人ひとりの良いところを見つけたよ。今から〝子どもの姿〟〈通知表〉を渡しながら一人ひとりに伝えたいと思います。もしかしたら本人だって気がついていない良いところかもしれないよ……」といってから、一人ずつ廊下に出てきてもらった。教室の中では、窓からのぞくもの。地窓をそっと開けるもの。すき間から見える目が笑っている。

「哲也さん。あなたは、人の話を心で聞く人ですね。うれしかったよ」と伝えると、「そうかなあ」といって、配膳台の上に寝そべってしまった。

「綜一郎さん。あなたは、体だけじゃない、心もうんと他のみんなより大人なのです。いい考えしているなあって何度も思ったよ」というと、「うん、うん」と照れながらうなずいていた。

「明さん。あなたにどれだけ助けられたか。いつもクラスのみんなのことを気にしていてくれたね」

「聡さん。あなたが本当のことを、勇気をもっていってくれたこと、うれしかったよ。ありがとう」

「志織さんが『先生ってすごいね。クラスがこんなに早く良くなっちゃうなんて』といってくれたこと、うれしかったよ」

どの子も本当にうれしそうだ。そして必ず、「ありがとうございました」といって、教室に戻っていった。

およそ1時間にも及ぶ、37人との面談。教室では何一つトラブルが起こらなかった。明日から夏休み。心からさびしいと思った。4月、笑顔を作って教室に入っていったあの日がうそのように思えた。

第2章
みんながいとおしく見えた日　2学期

今日から2学期 —さわやかな笑顔で登校してきた—

正直いって、8月の最後の1週間は例年以上に気が重かった。あれほどさびしい——と思って別れたはずなのに、なぜか心がざわざわする。子どもたちの様子が、また、もとの木阿弥にもどっているのではないか。2学期の行事をどう取り組ませたらよいのか、そのための手立ては——などなど。考え出したら不安ばかりがつのってくる。9月1日に配る予定の学級通信の書き出しが決まったのが、夜中の1時を過ぎてからだった。

朝8時、教室に行く(4月からほとんど欠かさず、始業30分前に1度教室に顔を出してきた)。教室は久しぶりに、友だちに会えたうれしさで華やいでいた。

綜一郎が「先生、沖縄のお土産。好きなの選んでいいよ」といって、ブレスレットを机の上に並べた。悟が少し遅れてやってきた。「ぼく、夏休みの大会で優勝したんだ」と、照れながらいう。「先生、これ、旅行のお土産」と、クッキーをくれた理花さん。一人ひとりが、「先生、2学期もよろしくね」といっているようだった。

通信を配り、「いろんなことに力を出し切る2学期にしていこう。そして、自分のいいところを友だちに知ってもらう2学期にしていこう！」と語りかけた。

久しぶりに友だちに会えたうれしさ——。いや、なにか違う。ただのうれしさではない——と気付いたのは2週間ぐらいたったあとのことであった。

6年の2学期をどのように過ごすか

2学期2日目。

自分自身も「がんばった」と思えるような2学期になるよう目標を立ててもらうことにした。

これは例年やっていることだが、友だちの決意を知ることで自分自身もがんばろうという思いを強くしてもらいたいと考え、通信にのせた。このクラスは一人ひとりどの子も大なり小なり、クラスのムードに流される面があり、それが問題点でもあった。良いことも悪いことも追随してしまう傾向にある。よい方向に流れれば、それはすばらしい結果を生むことになるのだが。通信にのせることが、後にともに立ちもどるステーションとなるのである。

本当にやる気がないと、みんなついてこないよ ―運動会の係り決め―

2学期は運動会の取り組みから始まる。正直なところ、「この暑い中、何でやんなきゃならないの」と思いながら取り組む。今年はことの他そんな思いが強い。ただでさえ、「がんばる」とか「一生懸命」という言葉に「かったりぃ――」と反応しがちなクラスである。（本心はそうでもないのだが）運動会から、「がんばる」「一生懸命」をとってしまったら何が残るのだろう。しかもこんなときのムードは坂を下るように加速する。そしてこのムード作りのかぎを一手に握るのが応援団である。応援団のやる気があるかないかが勝負（得点ではない）の別れ目であるといっても過言ではない。そこで係り決めの初めにまず応援団を決めることにした。応援という仕事を引き受ける子は、かなり意を決して決める。例年、クラスの状況によって引き受け手のないクラスもある。このクラスはどうだろうか。ふだんはばをきかせている4、5人の男子はともかくとして、それ以外の子はやりたい…と思っていてもいい出せないだろう…。誰かの推薦があれば仕方ない…という感じで引き受けてくれるかもしれない。となると、初めから推薦にした方がいいのか……。いや誰かに推薦されたからではなく、ただやりたい人、その思いが強い人のほうが良いのではないか……。などなど悩んだ。しかし、立候補する人がいなかったら「それでは推薦」ということになると、これは初めからムードぶちこわしだ。悩んだあげく、子どもたちの気持ちを前もって探ってみることにした。すると思いのほか、やりたいと思っている子が男子にも女子にもいたのだ。「じゃあ立候補してくれる」と聞くとみんな「うん」と答えた。案ずるより産むが易しとはこのことだ。金山先生から「この学年の子たちはなんでもやりたがる子たちよ」と聞いてはいたが、その気持ちがまだ残っていたことがうれしい。

次の日、「応援団をまず先に決めます。本当に応援をやりたいと思う人にぜひやってもらいたい。誰かに推薦されて『じゃあ良いよ』といって引き受けるんじゃ、青組のみんながついてこないよ。応援団は青組の顔なんだ。本当に青組のみんなを応援したいんだという思いの強い人にぜひなってほしい」と告げた。すると、立候補すると前もっていっていた人が『やめようかな――』といい出した。「やばい、1人もいなくなったら、いまさら推薦もおかしなことになる」と心配したのだが、定員5人を上回る数になった（7人）。ほっとする。しかし2人は降りなければならない。どうやって決めようか…と相談しているうち、2人が「他の係りにまわります」といい、5人が決定された。

次の難関は実行委員決めである。表現のダンスを作る人3人、個人種目を決める人3人、団体種目を決める3人、（本校は種目決めから子どもたちの手にゆだねている。決められた種目の中から子どもたちは好きな種目を選んで出場することにしている）を決めなければならない。昨年は何かクラスの代表として係りを決めるたびに難航していたと聞いていた。やっと決まっても後で「先生からやらされた。自分はやりたくなかったのに――」と親にこぼす子が多かったと聞く。そこでこんな条件を出した。「実行委員の9人は他の人たちより仕事が倍になるわけだから、運動会の残りの係り（応援以外）は優先的に選んでもらうよ――」と。すると、特別難航することもなくすんなりと決まっていった。しめた、と思った。

不公平感、納得のいかない説明には敏感に反発してくる子どもたち（当たり前なのだが）。訂正したり、いいよどんだりすること、また、悩んでいる様子は、子どもたちに不安感や不信感を与える。このクラスは特に明瞭に、理に合った説明をしなければならないと常に思いながら説明してきた。すべての子が納得して係りが決まった。8月末からの肩の荷が一気に下りた気がした。「いいかい。自分が今日引き受けた係りに自分の力を出し切ろうね」といって係り決めを終えた。

やっぱり6年2組は―ともにステーションにたちもどる―

学期の初め、おだやかなムードだったのもつかのま、4、5日もすると、「うざい！」「むかつく」「ふざけんな！」という言葉がとびかい出した。そして、6日目、航太が哲也のお弁当をのぞきこんだという理由で、ほほを思いきりぶたれた。このまま2学期もこんなことが続いていくのだろうか。暴力はめっきり減ったとはいえ、まったくなくなったわけではない。言葉の暴力は相変わらずである。

次の日、周平が4階からものを下に投げたことをきっかけとして、次のように語りかけた。

「いつかみんなに話そうと思っていたんだけれどね――。1学期の家庭訪問のとき、何軒かの家でこんなことをいわれたんだよ。『もとの5年2組の子どもたちは、悪い子だと思われてやしないかと心配です』と。先生は『そんなことはないですよ』といいました。みんなも6年生になっていっぱいがんばってきたよね。9月1日、みんなの顔はかがやいて見えたよ。みんなが2学期もがんばろうと思っていることが先生にいっぱい伝わってきたよ。この間、みんなに考えてもらった”クラスのためにがんばろう“と思うことの中に、『さすが6年2組といわれるようにがんばる』と書いてくれた人がいましたね。そんなクラスにするには何人の人ががんばればいいの？　5人ですか、10人ですか、30人ですか。

ちがうよね。37人みんなががんばらなければ、そんなクラスにはならないんだよ。一人でも『そんなこといったって…』と思っている人がいたら、そんなクラスにはならないんだよ。窓から物を投げたら『なんだ、やっぱり5年生の時と同じじゃないか』と思われるんじゃないですか。たった一人の人がしたことのために…。みんなで『さすが、6年2組』と思われるクラスにしていこうよ…。それから、『ばか、死ね、消えろ、うざい！』なんていう言葉もなくしていこうよ…」

と語った。「わかった人」とたずねると、全員が迷うことなく手を挙げていた。「わかったんだったら、あとは行動するだけだよ。がんばろう」といって話を終えた。「わかった人」と聞くことがどれ程意味があるのかという議論もあるが、私はそうは思わない。手を挙げることは一つの意思表示だ。いやでもなんでも「わかった」という表明をすることで決心をしてもらうのだ。そして、みんなが手を挙げている（納得している）様子をみんなで確認し合う意味もあるのだ。

みんながいとおしく見えた日

9月25日。運動会当日。この日すべての競技を終えて教室にもどってきた子どもたちの姿を見て、なぜか心からいとおしいと思った。私が教室に行くと、すっかり着替えを済ませた彼らは私の到着を待っていた。教室に着くなりこう切り出した。

「今日のみんなはすばらしかったよ。ダンスをしている時、先生あるところで背中がぞくぞくってしたんだよ。どこだかわかる」

と聞くといろんな答えが返ってきた。

「ちがうよ。みんなが全員後を向いたとき、あの瞬間だよ」

といったら、へえって顔をしていた。

「本当に美しいと思ったよ」

「みんながかわいいとおもったよ」

「みんなを、先生んちの子どもにしたいと思ったよ」

といってしまった。誰かが

「いやだよ」

「37人兄弟なんて」

といっていた。でもみんなうれしそうだった。

それから、応援団をたたえ、実行委員をたたえ、リレーの選手をたたえ、大きな絵を書いてくれた人をたたえ、係り全体をたたえた。みんながみんなに拍手を送った。

思えば長い取り組みであった。係り決めからが、正に運動会の始まりであった。

係りや実行委員は無事に決まったものの実際に自覚を持って動いてくれるものか本当に心配な毎日であった。まず、表現「ダンス」作りが難航した。綜一郎・哲也・悟が2組の実行委員になっていた。1組からも3人の実行委員が出ているが、綜一郎や哲也の勢力が強く、他の4人はほとんど自分の考えをいい出せない。そんな中、綜一郎が1人でダンスを作り出していった。彼のダンスセンスはなかなかで、とても大人には思いつかない動きである。まわりの者もそれは認めざるを得なかった。彼が考え出した形を一生懸命覚え、体育の時間にのぞんだ。ところが創作半ばにして、9月13日、綜一郎が、「先生、もうだめ。もういやだ。これ以上考えられない」といい出した。「いやいや引き受けたのだから最後までやりなさい」といおうかどうしようか迷ったが、運動会までの日にちも迫っている。これまでの10日間、決して彼らもサボっていたわけではない。彼らなりに暑い中、休み時間、放課後（彼らがもっとも大切に思っている時間）をさいて考えつづけてきてくれたのだ。迷ったあげく次のように話をした。まずこれから先の内容を先生たちが考えていいのか念を押した。その上で「しかし6人が実行委員であるのだからいつでも先生たちに知恵を貸してくれること」を約束した。6人はうれしいような何か大切なものを譲り渡してしまったような複雑な顔をしていた。

しかしふりかえってみると良く考えたと思う。どんなときでも（自分が悪いことをしてしまったときでも）話をするのは「休み時間はやだ」「放課後はやだ」といっていた彼らが、自らすすんで学年73人のため、ダンスを創作し続けてきたのだから――。ダンスの続きは彼らが作り出した動きをもとに構成する形で作り上げて行った。

応援の練習に入る前、5年、6年合わせて10人の応援団に次のように語った。「応援団長になってもいい、という覚悟で引き受けたのか。団長はいやだ、という気持ちの人は、今すぐやめてほしい」と。全員「団長をやってもいい」という。「気持ちさえあれば十分。あとは先生と一緒にがんばっていこう」と話した。声の出し方、旗の振り方、応援の流れ、寸劇。その一つひとつを休み時間、放課後、早朝と練習を重ねていった。練習を重ねるたびに声が大きくなり、一人ひとりが自信を持って動けるようになっていった。

そして、21日、初めて、赤組、青組がそれぞれ応援を見せ合う日がきた。朝、応援団に次のように檄をとばした。「今日が運動会の始まりだよ。思いっきり、思いっきり応援しなさい。練習だと思っちゃだめだよ。今日、赤組の応援に勝てたら、運動会は半分勝ったも同じだよ。今日負けたら青組みんなの元気が出なくなってしまうんだ。いいかい。最高の応援をするんだよ。がんばれ！――」と。

それはそれは見事な応援だった。赤組を圧倒する応援だった。それをクラスの子どもたちみんなが見ていた。そしてこの日から加速がついたかのように、運動会に向けてクラスが一丸となっていったような気がする。団長の周平があんなにがんばっているのだから――と。

22日、クラスだけで応援練習をしてみることになった。哲也が、「おれが太鼓のかわり（5年生の役割だったので）やるよ。と、役をかって出てくれた。まるで応援団を応援しているかのようであった。（23日は休日）24日は子どもたちの方から「先生、休み時間を使って、騎馬戦の練習をしようよ」といい出してきた。誰も「ええー」という人がいない。今年こそ勝ちたい。去年のようなめちゃくちゃな負け方はしたくない。そんな思いがクラスのみんなを突き動かしていた。給食を食べ終え、机を片付け、1騎ずつたたかっていった。手の出し方、騎馬を安定させるにはどうしたらいいか――。あちこちからいいアイデアが出てきた。みんな汗びっしょりになっていた。女子が男子を倒すと、「おお…」という歓声があがった。「女子はうざい」「女子はいらねえ」と、ことあるごとに女子を馬鹿にしてきた彼らからの感嘆の声だった。

いよいよ明日は運動会当日。すべての練習を終えたあとみんなにこんな話をした。

「先生の大好きな映画俳優に萬屋錦之助という人がいるんだよ。もう、とっくに死んでしまったけどね。その人の演技はね、本当に人の心を引きつけるんだよ。ある時ね、彼がテレビの中でインタビューに答えていたんだ。アナウンサーが『萬屋さんの演技はすばらしいですね』といったんだ。すると、彼はなんて答えたと思う。こういったんだよ。『皆さんが見ているスクリーンの演技、あれを100点とすれば、本番のひとつ前にリハーサルでする演技は120点なんです。それは、二度とできないのです』と。先生はおどろきました。そして思ったんだよ。120点の演技ができたからこそ、本番で100点の演技ができたんだって…ね。もう少し前にこの話をしたかったんだけれどね…。今日家で、120点のダンスをしてきてください。そして、明日みんなで100点のダンスをしようよ」

と。

当日は本当に見事なダンスだった。今までのどの日の練習よりもすばらしいダンスだった。そして、みんなが後ろを一斉に向いた瞬間、私の背中がぞくぞくっとしたのだった。本当に（美しい）と思った。

8月の末、胃が痛くなる程悩んだ運動会の取り組み。しらけ切って盛り上がらない運動会にだけはしたくなかった。小学校最後の運動会。思いっきりのめり込んでほしい、充実感を味わってほしいと思ってきた。

開会が宣言され、青組の応援の番になった。周平が台の上に立った。すると、一番後から「周平！　がんばれ！」という大きな声がした。哲也の声だった。いつもは周平をついついいじめてしまう哲也の声だった。その声に動かされたかのように、6年2組は声をはり上げて応援した。こんなに一丸となった6年生を初めて見たように思う。日頃はけっこう文句の多い人たちなのだけれど、友だちのがんばる姿を見て、いつの間にか自分もがんばっている。この子たちは決して悪い子なんかじゃない。むしろ、今まで私が受けもったどの6年生よりも「純」なのかもしれない…と思った。

次の週はもちろん「運動会打ち上げパーティー」をした。そして、2時間目、初めてこのクラスでフルーツバスケットができた。男女わけへだてなく、いろんな人のイスに次から次へと座っていた。4月あれほど嫌がっていた彼らが…。今は誰のイスにも座れている。哲也が航太を自分の膝の上にわざわざ座らせて戯れていた。存在そのものを「むかつく！」といって航太に対して毎日のように暴力をふるっていた哲也が、航太を膝の上にのせて戯れていた。

うるせえな！

ここ数日、哲也は不注意から続けて2人の友だちに痛い思いをさせている。

先日も家庭科の時間、阿部先生が返却したテストを紙飛行機にしたことを注意され、教室のガラスを割っている。右手を切り電話連絡を受けたお母さんが学校に飛んできた。保健室で「6年生になって落ち着いたとばかり思っていたのに…」と泣いていらしたとのこと。どうも気持ちに落ち着きがない、今日は少しゆっくりと話をしようと思った。

「哲也さん。この間の休み時間、聡さんの腕にボールがあたっちゃったんだって？　それから、弘昌さんは昨日、君が素振りしたバットが腕にあたったんだといっていたけど…。先生ちょっと心配だなあ。哲也さんはどんなことに気をつければ良かったと思ってる」と切り出した。すると「もう、あやまったよ」とするどい返事が返ってきた。

「うん。あやまったのはいいんだけど、あやまったから2度と同じことが起こらないわけじゃないでしょう。また友だちに痛い思いをさせないために、どうすれば良かったのかなあって聞いているんだよ」そこまでいうと、今度は「うるせえなあ！」といって教室を出て行きそうになった。私も思わず「うるせえじゃないでしょ！」といって腕をつかんだ。その私の手を、彼は思いっきりはたいた。

「先生は、あなたを今責めているわけじゃないよ。あなただってわざと2人にボールやバットをあてたわけではないでしょう。でも、2人に痛い思いをさせちゃったんじゃないの。二度とこんなことが起こらないために考えてほしいから話してるんだよ」というと、彼は一度イスに座ったものの、「話さなくていいよ」とあくまで聞く耳を持たない。

何をどう話したら良いのだろうか…。そう考えているうちに、彼の息も少しずつ静かになってきた。

「………この前、あなたが家庭科の時間ドアのガラス割ったとき、どれだけお母さんが悲しい思いをしたかわかっているの。あの時は相手はガラス1枚。そしてけがをしたのはあなただよ。それでもお母さんは『6年生になって落ち着いたと思っていたのに』とひどくがっかりして悲しんでいらしたよ。今回、あなたが素振りしたバッドが弘昌さんの頭にあたっていたら、どうなっていたの。あなたがどんなにあやまったってとり返しのつかないことになっていたんじゃないの。またお母さんを悲しませることになっていたんだよ…。先生はあなたを預かっているんだよ。これ以上先生だってお母さんを悲しませたくないよ…」ここまで話して彼をふとみると、彼は泣いていた。その姿から自分がうかつにもしてしまったことと、そのことが及ぼす数々のこととが彼の心の中で結びついていることがわかった。

「……。気をつければ良かったんだよね。ボールを投げるときも、素振りをするときも、まわりを見れば良かったんだよね…」彼は黙って聞いていた。「もう、うるせえなんていわないでよ。これからも先生の話聞いてよ…」といった。彼は小さな声で「うん」と答えた。「それじゃ、家庭科に行っておいで」というと静かに教室を出ていった。自分が十分悪いことをしてしまったとわかっていたのだけれど、改めて「どうすれば良かったの」と聞かれると、いかにもこれから説教が始まると感じたのかもしれない。私としても、説教を展開するつもりはなかったのだけれど、小さいときから家でも学校でも、叱られることの多かった彼は教師から呼び止められるだけで身構えてしまうところがある。はじめから反省をうながすような話し出し方をしたことを後悔する出来事だった。

お茶会をしよう

哲也と話した次の時間は中休みをはさんで社会だった。哲也と悟だけが遅れて校庭から帰ってきた。「室町時代に広まった文化にはいろいろなものがあるけどたとえば、お茶なんかもその一つだね…。そうだ、みんな『お茶会』やりたい？」と切り出した。一斉に「やりたい！」との返事、もう哲也もその話にのり気だ。「やろうよ。先生！」と哲也がいう。「わかった、やろう。準備の都合があるからあさっての金曜日にしよう」「やったあ」と歓声があがる。すると綜一郎が何か感慨深げにこういった。「先生って……。他の先生とちがうね。ほかの先生、パーティーなんかしないしさ」。続けて周平が「６年になったら楽しいことばっかり…。５年の時より１００倍楽しいよ」という。少々手間のかかるお茶会、正直いってやろうかやるまいかずっと迷っていたのだ。しかし、綜一郎や周平の言葉を聞いていい出して良かったと思った。

次の日、「お茶会」の作法について書いたプリントを配った。プリントを見てさっそく総一郎が「先生、着物着てくるんですか」と冗談をいう。匠が「ぼく七五三のはかまならあるよ」と続けた。どっとクラスがわいた。

金曜日。教室に2枚の畳をしき、「入室の作法」から一人ひとりやってもらった。いつもはわんぱくな子どもたちが「お先に」という姿は、実にすがすがしくかわいいものである。お菓子は「あんきり」。はじめは少々緊張ぎみの様子だったが、「おいしい」「もっと」「おかわり」と型やぶりのお茶会に発展。お茶を飲み終った人たちは、教室内で遊んで良いことにした。そのうちその遊びがかなり盛り上がってきたので、注意をしようとして振り向くと、男子と女子が手をつないでじゃんけんをして遊んでいた。思わず口まで出かかった言葉を飲みこんだ。楽しい時間を過ごすと、こんなにも心が開かれるものなのか。崩壊したクラスにこそ必要なのは、楽しい時間なのだと思った。

授業の中で雑談ができるようになった

4月、物語文「赤い実はじけた」の学習はつらかった。算数はまだ良かった。問題があり、答えがある。物語文ではそうはいかない、自分はどう思ったか、登場人物の思いは…。ただでさえ発言が少ないクラス。たまに誰かが発言するとすぐさま野次が飛ぶクラスだった。いわんや「私はこう思う…」なんていえる雰囲気ではなかった。何かトラブルが起こり、それについて事実を伝え、こちらの思いを伝えることはできるが、何気ないとりとめのない話は彼らにとってはどうでもいいことであり「かったるい」話に聞こえたのだ。「赤い実はじけた」の学習のときも「先生の赤い実がはじけたのは…」と語りだしたところ、綜一郎から「そんなもの聞きたくないよ」と一言のもとにはねのけられた。今日（9月30日）何の話からだったのかは忘れたが、私が中村雅俊が好きなこと。コンサートに行って、彼の投げたサインボールをこの手にしっかりと受け取ったこと。それ以来二度とチケットが取れなくなったことを話したら、おおいに盛り上がった。4月に話していたら何をいわれたことやら。こんな風に授業とは無関係に何気ない雑談ができるようになったことがうれしいと思った。

先生、放送室片付けたんだよ。あとで見に行ってね

10月5日は月1回の朝会の日だった。校長先生の話のあと、保健委員会からの発表がある。6年2組の保健委員4人は、夏休み前から「目」について調べている。この日全校の前で発表することになっていた。先週の土曜日は放課後残って発表の練習をしていた。保健委員会担当の水島先生、三好先生も2人残って、発表の指導をしてくださっていた。

明日はいよいよ発表の日。

「明日の朝会で6年2組の保健の発表があるから、応援してあげてね」「応援って何すんだよ」「そう、一生懸命聞いてあげることが応援になるんだよ」…そんな会話をした。

次の日簡単な打ち合わせのあと体育館に行くといつもはあらぬ方向を向いて並んでいる哲也も周平も、今日はなんと前を向いてきちんと並んでいる。昨日の話を覚えていてくれたことがうれしい。そして、発表の間中ただ聞いているだけではなく、用意された説明図を一生懸命見ていた。保健委員の発表と同ぐらいすばらしい姿だった。

その日の昼過ぎ、周平が「先生放送室片付けたんだよ。あとで見に行ってね」といってきた。「うん、わかった」といったものの、帰りまでにとうとう見に行けなかった。さよならのあと周平は「先生、ぜったいに見に行ってよ」といい残して帰っていった。

それから放送室のことはすっかり忘れて、職員室で仕事をしていた。そして夕方6時頃そろそろ帰ろうかとおもって荷物をまとめ始めて、急に思い出した。そうだ、放送室見に行かなくちゃ…。そんなのんきな気持ちで放送室を開けて、驚いた。腰が抜けそうになった。床にはちり一つなく、棚のCDやテープは背中をそろえてぴっちりと並べられ、CDデッキ、カセットデッキのコードはきちんとたたまれ、一つひとつの機材が実にお行儀よく並べられているのである。これ以上片付けようがないというほどの片付け方なのである。

そして、周平が帰りがけ「先生、ぜったいに見に行ってよ」といっていた言葉が思い出され、熱いものがこみ上げてきた。「一体どうして…。なぜ片付けようという気になったのだろう…」放送委員は今まで、何度となく、いろいろな先生からの批判をあびてきた。放送室をいたずらする、変な声を放送する、ふさわしくない曲を流す、などなど。その彼らがなぜ急に掃除をする気になったのか…。もしかしたら…。朝の保健委員会の発表を見て、何か触発されたのだろうか…。ともあれ、あれほどいいかげんだった放送委員が片付けたのである。子どもってどうすればいいのかちゃんとわかっているものなのだと思った。ただそのきっかけをつかめないのかもしれないと思った。

次の日の朝、クラスのみんなにこの話をした。「ぼくと孝君ではじめ、机の上整理してたんだ。そのうち、全部掃除しちゃおうってことになったんだ」と周平が話してくれた。

この日の昼過ぎ、図工室の流しの下から牛乳とトマトをかき混ぜたものがみつかり、阿部先生が片付けたと、人づてに聞いた。図工室は4階にあり4階は6年の教室しかない。5校時に、みんなに話してみることにした。「誰がやったのか、わからないけど……。もし、やった人がいるのなら、正直にいってほしい」というと、「それぼくたち…。先生ごめん。ずっと前、牛乳とトマトを混ぜるとどうなるかってやっちゃったんだ」と綜一郎がいった。続くように「ぼくもやった」と全部で5人の子が名のりを上げた。「食べ物は、すべて、命から作られるんだよ。こんなことしちゃだめだよ。私たちは他の生き物の命をもらって生きているんだから」と話した。「先生、もうしない」と哲也がいった。

先生の話がおもしろいから負けまいとしているんだよ

あえてジョークを心がけているつもりはまったくない。私は元来、冗談が好きなたちで小さいときから、家の中でも外でも三枚目だった。その点困ることもある。子どもは（大人もそうかもしれない）比較的冗談の多い教師を、「甘い」とか「怖くない」「何をしても許される」と思い込み、馬鹿にしがちである。だから、私が持ったクラスのどのクラスもにぎやかになり、はたからみるとのばなし状態に見えるらしい。しかし、付き合っていくうちきびしい面を知り、元気だけど規律のあるクラスに成長していく（と自分で思っている）。

10月の初め、机の上の物をしまわずに帰った悟を追いかけて下まで行くと、私に気付いた悟が走り出した。そばにいた綜一郎も、私に気付き「先生、頭にしらががありますよ」とからかい出した。

「なにいってんの、これはおしゃれしらが！」といいながら悟を捕まえようとするが、なかなかつかまらない。とうとう逃げられてしまった。

職員室にもどる途中、その様子を見ていた数人の女子に、「まったく、いやんなっちゃう。綜一郎さんは5年生の頃もあんなにふざける子だったの」と聞くと意外な返事が返ってきた。「先生、綜一郎は5年生の頃、冗談なんか一つもいわなかったよ。平田先生がおもしろいから、負けまいとして冗談をいつもいってるんだよ」といわれた。それにはびっくりした。

何てことだろう。私が冗談をいうたびに、「さびーい！」「すべってるよ！」といい、時には「はい、はい！」とあしらうこともある。冗談をいうことのなかった彼が冗談をいうようになった。私の冗談もまんざら悪くないと思ったのだ。そういえばいつか、「なぜこのクラスはこんなにうるさいの！」となげいた時に、悟に「先生にきたえられたんだよ！」といわれたことがあった。その言葉を思い出した。

一人ひとりが自然に

学級が崩壊するとき、そこには様々な原因がある。しかし、崩れていく状況は、かなり共通点がある。①担任への信頼がなくなり、指示が聞けなくなる、②自分勝手な行動、言動をし始める、③強いものが弱いものをいじめる、④一人ひとりが自然にふるまえない、⑤すべてのことにやる気がなくなる、⑥無表情になる、⑦集中力がなくなる、⑧暴力がまかり通る、⑨一部の人たちの考えでクラスが流れる…。

振り返ってみると多くのことが今、うそのようにこのクラスから消えている。

夏休みあけ、さわやかな笑顔で登校してきた子どもたち、久しぶりに友だちに会えた喜びだろうかと初めのうち思っていたのだが、そうではない。2ヵ月近く、そう今も変わらないのである。1学期と何が変わったのだろうか。はっきりと言えることは、1学期なんとなく、びくびくしながら過ごしていた男の子たちが（24人中16人がそうであった）休み時間、実にのびのびと集団で遊んでいるのである。校舎の中を追いかけっこして走り回っているので注意しなければならないのだが、内心注意したくないほどのびのびしている。先生方からも「なんだか子どもたちの表情が生き生きしているね」といわれた。私の気のせいではないらしい。先日あった個人面談でも、あるお母さんからこういわれた。「子どもが忘れ物をしたので先日、教室まで忘れ物を届けにきたのですが、クラスの雰囲気がとても穏やかなのにおどろきました…」と。

一人ひとりが何か解き放たれて、それぞれに自信を持って毎日が過ごせているのだと信じたい。

自分の考えを持とう。いおう —道徳「くもの糸」より—

崩壊学級の人間関係は、ピラミッド型に近い。1学期（5月6日）、性の学習「アンケートをもとに」（養護教諭水島先生の授業）のあと慎二が日記に書いていた。「ぼくは、今の学級は弱肉強食の世界だと思う。なぜなら、いやなことをされて『いや、やめて』といってもやめないか、余計にかかわれると思ったからです。しかしそこをなくしてこそ、良いクラスになるのだと思います」と。

あれから、この構造がどれだけ打ち砕かれただろうか。7月7日、たまたま昇降口で慎二と2人きりになった。そのとき、クラスの「弱肉強食度」はどれくらいかなあと聞いてみた。彼は「10分の2になったと思う。でも残りの10分の2は強い人と弱い人が仲が良くて、解決しにくい…」といった。「それはどういうことなの…」と聞いてみたが「うーん、説明がむずかしいよ」という。そのうち他の人がやってきたので、話はそのままになってしまった。

このクラスで何かを決める時はとても難しい。強い子の意見がぱっと出るとその反対の意見がいいにくい雰囲気があった。相手が誰であろうと、「自分はこう思う」ということがいえてこそ、誰からも支配されない、誰もが大切にされたクラスといえるのだと思う。そのために、2学期は道徳の授業にディベートを取り入れてみることにした。夏休み中、目にとまった本の中に「ディベートの論題」（不破淳一著）というものがあった。その中から、「くもの糸」の部分をとり扱ってみることにした。

はじめに本文を読み聞かせたあと、次のような設問に答えてもらうことにした。「カンダタが『おりろ！』と叫んだのは人間として仕方のないことである」この考えにあなたは、賛成ですか反対ですか。この日は、ただ書いてもらうだけで終った。家に帰ってから読んでみると、実に面白い結果だった。

日頃私からしかられることの多い、いわゆるクラスで台頭している子どもたちは反対派、つまり「カンダタは自分だけ助かろうとしているのはずるい。下から上がってくる者のことも考えるべき」と答えているのである。それとは反対にとてもおとなしくやるべきことをきちんとやりクラスのみんなにまず迷惑をかけることのない子たちは賛成派、つまり「カンダタがおりろと叫んだのは無理もない。人間誰でも極限状況になれば、自分のことしか考えられない」と答えているのである。実に複雑な思いがした。ついかっとなり、友だちを殴ってしまう哲也が「カンダタはこんなにつめてえやつだから地ごくに落ちたんだ」と書いていた。

次の日、書いてもらった内容をひとりずつみんなの前で読み上げてもらった。意外な人が意外な答えを持っていたことにみんなその驚きを隠せない様子だった。発表のあと、反対派から賛成派からそれぞれ、意見を述べてもらったが、どうもパッとしない。盛り上がっていかない。

相手を論破しようという気概のないまま「君はそう思うの。でも私はこう思うだけ…」という雰囲気が流れていた。仕方がないのでみんなの意見を聞いて、思ったことをもう一度書いてもらうことにした。すると、結構相手の考えに憤慨していたり、やっぱり考え直した…というのもあったのである。みんなの前ではあえていえなかったけれど、ちゃんと人の意見を聞いて自分の考えを再構築していたのである。次の週（第3時間目）は、この内容を読んで聞かせたあと、芥川龍之介がなぜこの作品を書いたのか、作者の思いを説明した。そしてニューヨークで実際に起こった、ポトマック川に墜落した飛行機の事故の話から、ある男性が自分の命と引き代えに女性の命を救った話をした。人間は最後に本当に自分のことしか考えられなくなるのか…。極限状況でも人のことを考える優しさが残っているのではないか。人間捨てたものではない…。そんな話をして終えた。

ともに立ちもどるステーション作り

①住井すゑ作―「テレビとうま」を読んできかせる。

この作品に出合ったのは確か9年前、人権教育の題材に何か良い文学作品はないかと探していた時のことである。部落開放同盟から出版されている「はぐるま」全8巻の中に入っていた。初めてこの短い物語を読んだ時は胸が苦しくなる程の感動を覚えた。その後高学年を受け持つと必ずこの作品を読んできかせている。

②有馬武郎作―「路傍の石」―を呼んできかせる

今から16年前、この年は若い命がいとも簡単に自らの意思で消されていく、そんな悲しい年であった。その年度の卒業式に学校長が語った言葉に胸をうたれ読んでみたのがこの作品である。次野先生の言葉は、何度読んでも心に迫ってくる。前後の文脈を子どもにわかりやすいように少し手直しして、プリント3枚に仕上げたものを読んできかせた。最後に「自分を生かすって、どういうことなのだろう。今の自分が考えられることでいいから書いてごらん」といって書いてもらった。子どもなりにいかに生きるべきかちゃんと、とらえているのである。

目標をはっきりと示してあげる―狂言"附子"の取り組み―

4月はじめの体育の時、何にしようか迷ったあげく走り幅とびにした。

それまでに着がえることさえしなかった、ましてや毎回見学といっては校庭のすみに座って、参加している者に目で合図を送り見学に引きずり込んでいた子たちを体育に参加させるには、やってみたい、挑戦してみたいと思うものにしたいと考えたからである。走り幅とびは走り方、とび方、空中姿勢、着地、どれも目標は明確である。はっきりした目標を示してやれば、きっとやりたくなるに違いないと考え予定表に書きこんだ。

初めての体育の時、体そう服を忘れましたといって、見学していた綜一郎が授業が終りかけたところ「先生やりたいよ」…といい出したとき「しめた」と思った。

そして、次の日から綜一郎は必ず体そう服を持ってくるようになった。

9月「狂言『附子《ぶす》』を授業参観で家の人に見てもらうよ」と、発表した。「ええ…」「いやだよ…」という声はあがったものの、まだ先のことだよ、それまでに先生のいう通り練習にがんばったら自信がつくから大丈夫だよ」と話すと観念した様子だった。運動会が終ってから、練習にすぐ取りかかった。まず、具体的な目標（5項目）をカードに印刷し、合格するたびに㊞を押していくことにした。この子たちは目標さえはっきりと示してやれば、それに向かってがんばろうとする前向きな気持ちと行動力のある人たちだ。

その週の予定表にさっそく5項目の内容を載せた。すると事前に家で練習してくるようになった。①セリフを暗記したか、②大きな声でいえたか、③気持ちを込めていえたか、④適切な動作をつけたか、⑤堂々と演じることができたか。

友だちが目の前で一つひとつ合格していくと、その実力、努力を認めざるを得ない。特に①を合格する時は最後に残った哲也はかなりあせっていた。「やばいよ先生、もう一度、もう一度聞いてよ」と何度も挑戦してくる。

そして、グループに分かれてかみしも作り。共同作業を苦手とする子どもたちも、自分がそれを着るとなると話が違う。「そこはそうじゃないよ」「なんだよ、もうちょっとていねいにぬれよ！」などなど、仲間にきびしくなってくる。

また、全部で9場面にわけたわりふりも相手が失格するともう一度、やり直しにした。すると、合格した側は気が気ではない。「そうじゃないよ。こうするんだよ」と互いに教えあう姿も見られるようになってきた。特におどろいたのは、日頃、とてもおとなしい子たちが、実はいざとなると度胸が出てきて、おどろくほど立派な演技をしたことである。教師の注意や助言を一生懸命忠実に聞き取り、熱心に練習をする…その努力が明確にみんなの前に見えてくるのだ。いつもは勢力をきかせている綜一郎や哲也も、良介や圭彦の演技には文句のつけようがなかった。脇で見ながら「すげえな！」と小さな声でいっているのが聞こえた。

当日、大勢の参観者を前にすばらしい狂言“附子”を発表することができた。次の日、「先生、附子の練習もうやらないの。やりたいよ」と哲也がいった。

なぜ先生はみんなの担任になったのか

「この世に正しい暴力はない！」と子どもたちに語ってから8ヵ月が過ぎた。その後どうであったかといえば、暴力の回数は減ったとはいえ残念ながら、皆無となったわけではない。足をふまれたから殴ったとか、ぶつかったから殴ったなどなど、理由にもならない理由で手や足が出る（5年生の時はといえば航太に対しては特に集団で寄ってたかって殴ったり蹴ったりが日常茶飯事であった。またそれを止めようとする担任も殴られることがたびたびであった）。

この日は6週間に1回の席替えの日であった。くじを引く人だかりで私が囲まれているその時、航太が教室の後で大きな声を上げた。みると自分のランドセルを蹴りながら大きな声を上げ興奮した様子だった。「どうしたの。何があったの」と聞いても航太の耳には入らない。「わあ!」と叫びながら航太は廊下に出た。広もあとを追う。こんな時があぶない。走って廊下に出てみると、今まさに広が航太を殴りつけ蹴りあげているところであった。「やめなさい!」「何をするのですか」と私がいう後で、何人かの笑声がした。綜一郎は泣きながら走り去る航太のまねをしている。くじ引きの途中であったが、全員を席に座らせた。私は怒りで気持ちがおさまらなかった。まず広を呼び、なぜ航太を殴ったのかを聞いた。「だって航太がランドセルをぼくに投げつけたんだもの」という。「興奮している航太さんのそばにわざわざ自分から近寄っていって投げつけられるのはあたり前でしょう。勝手なことをいってるんじゃないよ」というと広はあっさり「すみません」といった(あとからくわしく事情を聞くと、初め哲也と周平と広で航太の版画をからかったのだという)。

「それにしても、誰ですか。さっき笑ったのは。人が殴られたり蹴られたりしている姿がそんなに面白いのですか。笑った人立ちなさい!」というと、7人の男の子が立った。体のふるえがとまらなかった。

……。ただただなさけなくて仕方がなかった。この子たちのからだの中に、まだ暴力をおもしろおかしく受け止める感覚が残っているのだ…。1校時がちょうど終り、2校時は体育の時間だったので、子どもたちを体育館に行かせてから、笑った子たちを教室に残しゆっくりと話すことにした。「イスを持って先生のまわりにきなさい」というと、黙って全員集まってきた。綜一郎はすかさず「ぼくは広が殴るところは見ていません」という。「殴るところを見ていなくても、少なくとも航太さんが何かはわからないけど真剣になっておこってるのはわかったでしょう…。ただならぬ様子だとわかったでしょう。それがおかしいのですか。先生は航太さんであっても綜一郎さんであっても誰かが真剣に訴えている、おこっている姿を見て笑うのは失礼だと思うよ」というと綜一郎もだまった。しばらく沈黙が続いたあと、綜一郎が切り出した。「先生は、今日みたいな様子を初めて見て、ショックだったと思うけれど…。ぼくたちにとっては5年生のときはずっとそうだったからなんだか久しぶりに5年生の時を思い出して、笑ってしまったんだ…」といった。「そう…。笑ってしまった瞬間の気持ちはわかったよ。しかしそれは失礼な話だよね。考えてごらん。綜一郎さん、あなたがとても頭にきておこっているとする。その姿を見て、誰かに笑われたらどんな気がするの」と聞くと、「いやだよそれは…」という。だったら航太さんだって同じなんだよ、怒るということもその人の真剣なメッセージなんだよ。ちゃんと受けとめてあげなければいけないんだよ…」私の怒りのトーンが少しずつ落ちていくと、やっと子どもたちもほっとしたような顔になっていった。

そして3時間目の初め、クラスのみんなに私がなぜこのクラスの担任を引き受けたのか、そのわけを話すことにした。

「ことしの3月、先生は校長先生から『4月から6年2組の担任をしてください』といわれたのです。先生はこのクラスのことをいろんな人から聞いていて、みんなの気持ちがとてもよくわかっていたからこそ、引き受けることにしたのです。先生は、みんなが悪い子なんかじゃないと思ったから、引き受けたんだよ。そして、この1年間を終える時だれもが、楽しかったと思えるクラスにしたいと思ったから担任になったんだよ。先生はみんながいい子たちだったと思われて卒業させたいんだよ。そのために先生もいっぱいがんばってきたつもりだよ」

といった。すると「先生！　まだまだ努力が足りないよ」と綜一郎がいった。でもそれは私の思いを受け止めている温かい声だった。

「だから今日みたいな姿を見ると情けなくなるよ。悲しくなるんだよ。もう二度と5年生の時のような君たちに戻ってほしくないんだよ」と続けた。

「でも先生、時々戻りたくなっちゃうよ。ストレスがたまるんだよ」とまた綜一郎がいう。

「そう、ストレスがたまったらその解消法教えてあげるよ」といった。

いいところさがすのって難しいよ ―道徳「友だちのいいところを探そう」―

毎年、何年を担当しても「友だちのいいところさがし」をしてもらっている。しかし、いざクラス全員のいいところを書きましょうといってもすぐに書けるものではない。そこで、2学期の初めにこんなことをしますよ、と予告をしておいた。毎日大なり小なりトラブルが起きるこのクラスにあって一人ひとりが全員のいいところを見つけるということは子どもたちにとっても難業であったと思う。

11月に入ってすぐに取り組み、全員が書き終えるのに3週間を要した。この3週間、いろいろな場面で「今まで何気なく接していた友だちのいいところに気づこう」と声かけをし続けた。1回書くごとに用紙を回収し、人には決して教えない約束をした。それは一人の人から一人の人へのメッセージなのだから…。

3週間たつと、さっそく「先生、いつ本人に配ってくれるの」と聞きにきたのは綜一郎。彼であっても人からどんな風に見られているのか気になるらしい。

それからの1ヵ月は個人面談が入ったり学期末にさしかかったこともあり、全員に手渡せたのは12月24日であった（全員が書いたものを1枚1枚切り分けこんどはそれを1人ひとりの台紙にはっていかなければならない作業は正直いって実に大変な作業である。半分以上夫に手伝ってもらうことになった）。

全員に配り終えると、しばらくは誰も声もなく読んでいた。もしかしたら、今までのどの瞬間よりも空気が止まっていたような気がする。私が配る子どものすがた（通知票）よりも食い入るようによんでいた…。友だちが自分のことをこんな風にみていてくれたんだ…という思いが、3学期クラスの潤滑油になってくれると思った。

先生の話、くさいよ！——なんといわれようが——

1学期のいつ頃だったか忘れたが、私が何かクラスのみんなにこんこんと話をしている真っ最中、綜一郎が一番後ろの席で小さな声で「3年B組金八先生…」といっているのが聞こえた。「先生、何一人でいきがってんだよ」っていいたかったのか。何をいいたかったのか。その話自体を心で聞いてくれていないようで腹が立った。

11月12日の学級通信でこんな記事を載せた。

学級通信　11／12号
努力をつみ重ねて……

朝、家を出て、まず海まで車で走ります。その道沿いに、街路樹が並んでいます。ある年のこと、いつものように車を走らせていると、突然視界の中に赤い物がとび込んできました。よく見ると、いつの間に実ったのか、どの木にもびっしりと赤い実がついているのです。きのうも通ったはずなのに、その時、初めて気付いたのです。

その時、こんなことを思いました。人の成長も、こうなのかもしれないなと…。少しずつ努力することは、はっきりと成果となって表れないけれど、その努力を重ねているうちに、いつかある日、誰の目にもはっきりと成長したことがわかる…。そんな努力をつみ重ねていきたいなあと思いました。

読み終えるやいなや「くせえ！」という声がとぶ。「くさい話ほど。心のこやしになるんだよ…！」といい返す。「くさい！」といわれることにめげずに11月20日と12月18日に次のように書いた。

学級通信　11／20号

今週もめげずにくさい話を…

　先週の学級通信のトップ記事「努力を積み重ねて…」を読んで聞かせると、「くさい、くさい…」と言われてしまったのですが、「くさい話の中にこそ、真実があり、生きる力のもとがある」と信じ、今週もくさい話を書くことにしました。

　先日のこと。夕方仕事を終え、学校から車で出てまもなくのこと、一人の子が自転車に乗って走ってきました。すぐ私も気がつき、窓をあけると、その子はわざわざ自転車から降りて、「さようなら」とあいさつをしてくれたのです。なんて、思いやりのあるさわやかなあいさつだろう…と思いました。

「あいさつ」って何のためにするのだろう。いつかクラスの子どもたちに話したい…と思っていながら、なかなかいいチャンスがなかったので書くことにしました。

おはようございます…（こんなに早くえらいですね）

こんにちは…（今日はごきげんいかがですか）

おやすみなさい…（ゆっくり休んでくださいね）

ありがとう…（とても、ありがたいと思っています）

どのあいさつも人への思いやりの心をあらわしているのです。

「あいさつは、人への思いやり」

あいさつが苦手という人、それは思いやりが足りないのかもしれませんよ。

学級通信　12／18号

ある本を読んでいたら……

蚕は桑の葉を食べながら糸を出し、まゆを作ります。そのまゆの中でさなぎになり、やがてまゆに穴をあけて食い破り、蛾になって出てきます。この穴をあける時は、大変です。小さくあけた穴がなかなか広がらず、蛾は全力で穴を大きくしようとするのです。その様子を見ていた、オランダの画家レンブラントは、ハサミでまゆの穴を切り出口を作ってやったのだそうです。すると、蛾は楽に出てくることができましたが羽は小さいままでした。そして飛ぶこともできず夜のうちに死んでしまいました。蛾は自分で穴をあけることで羽が大きくなり、強くなり、たくましく育っていくのです…。

そんな内容のことが書いてありました。

人も同じなのかもしれません。自分を成長させていくのは、自分以外の誰でもないのです。この2学期、一人ひとりが自分を成長させるために、自分自身が頑張ってきたこと、「こどものすがた」に、今書いているところです。

「くさい！」といわれても、実はそんなことをいう子どもは、その内容がわかればこそ、「なんちゃって…」という気持ちになるのだと思う。「くさい話」はいっぱいしてあげたほうはいいのではないか。いつかその内容を実感をもって思い出される日がくると信じている。

沙月さんのお父さんからの手紙

沙月さんのお父さんから手紙が届いた。道徳の授業「路傍の石」を参観されての感想だった。読み終えて無性にうれしかった。授業の意味を深く理解してくださっている。理由はそれだけではない。

1学期の家庭訪問では、各家庭でいろいろなお話を伺った。そして、多くの保護者がクラスの状況を正確にとらえていないことがわかった。我が子が加害者であることも、被害者であることも。単に航太を中心に巻き起こるトラブルを上手にさばき切れなかった前担任が壊してしまったクラス、ととらえている声ばかりだった。だから、担任が替わったのだからもう安心という思いをほとんどの家庭が持っていた。しかし状況は、そう簡単なことではなかった。崩壊によってすべてが殺ぎ落とされたのである。そして、その原因は、実は家庭にもあったのだ。

日々、学校で悪戦苦闘をしながら、家庭に対してはもどかしい思いがしていたのだ。そんな私に届いた沙月さんのお父さんからの手紙は、リポビタンDより私にパワーを与えてくれた。これで3学期がんばっていけると思った。

「自分を生かして生きていますか？　一度しかない人生を一回限りの人生を自分を生かして生きていますか？　平田先生の子どもたちへの問いかけは、もしかしたら、私たち親に問いかけているのではないかと…。大人（親）がまず、自分を生かして活き活きと生きるべきですね。その生き方を子どもたちは見ているのですから。……」

という文で始まるその手紙は、レポート用紙4枚に力強い文字で書かれていた。

「……このクラスの5年生の時を思い出すとまったく別のクラスのようです。みんなそれなりに集中して、先生の話を聞いていましたね。大人が聴いていて考えさせられる話、興味がわくおもしろい話は子どもも真剣に集中して聴いているものですね。……

学級崩壊、その元のところは家庭にあると私は以前から思っていました。ですから、娘のクラスが6年生になっても、どんな先生になるかわからないけど、たぶんそんなには変わらないだろうと思っていました。そのクラスの中で自分を見失わず、自分らしく過ごすには、どうしたらよいのかと考えるのも、娘にとっていい勉強なのだと思っていたのです。ですが、平田先生を見ていたら、もしかしたら、今こそ先生の力、力量が問われる時代ではないかと思ったのです。子どもたちに、生きていることのすばらしさや、人が生きていくには本当は何が大切なのか、そのような事を子どもに真剣に考えさせてくれる数少ない先生なのではないかと、授業を聞いていて思いました。今、私たち大人が、本当に大切な価値観を見失っている時代に、子どもも親もこのような道徳の授業が必要なのではないかと思いました。

先生にひとつお願いがあります。このような話をいつも、いつも子どもたちにしてやってください。いい話、感動する話は意外とすぐに忘れてしまうものです。くりかえし、くりかえし、子どもたちの潜在意識の中にたたき込んでやってください。それがいつか自然とにじみでてくる時が必ずくると思うのです。

……………………………………………

娘のこのクラスも卒業する時にはいい思い出をいっぱいもって卒業できるような気がします。先生には、感謝のひと言です。

……………………………………………

これからもお体に気をつけて、子どもたちのために、よろしくお願いいたします。

レポート用紙のうえに、乱筆、乱文をお許しください。

」

11月20日

遠野誠一

平田先生へ

私はこの日、手紙を何度も読み返していた。忙しい仕事の合間をぬって書いてくださったのだろうか。鉛筆で書かれたその手紙は、息づかいが感じられるほど、私の心に強くしみ込んできた。

一人ひとりの心に寄りそい力になること

4月からクラス全体に語りかける話には、どの子もとても素直に耳を傾けてくれた。しかし、いざ「あなたのことですよ」と、個人的に注意される話になると素直に受け入れられない場面が多々あった。それでも一人ひとりとの信頼関係を築き上げていく中で、私の言葉を素直に受け止め理解してくれるようになってきたように思う。

広は匠にいじめられていた。広はそれを初め担任に決していわなかった。たまたまその場面を見かけたとき匠を激しく叱った。その出来事がきっかけで（先生に話せば解決してもらえる）

と思ったようだ。このとき以来、広は一度も私に反抗したことがない。

公二はなかなか本音をいえない子だ。家でも強情っぱりで手を焼いていると聞いていた。あるとき公二が女子に「ばか」と言われたことがきっかけで泣き出した。「ばか」というひと言で泣き出したことにまわりはひどくおどろいたが、自分は平気でも人が自分とは同じでないことをみんなで確認しあった。

そのことがあってから、公二はいろんなことを話しかけてくれるようになった。

翼は綜一郎や哲也のいわゆる〝ぱしり〟になっていた。しかし彼は「ぼくが進んでやっているんです」といいはっていた。また机にどんないたずらをされても文句をいわない…。しかし、その都度（本人が迷惑なのだといわなくても）綜一郎と哲也を注意し続けてきた。ところが日光旅行に行ったとき、2日目の見学中、翼は航太のほほを思いっきりぶってしまった。みんながおみやげを買いに行ったその時、「そんな暴力をふるう人の力に、先生はなりたくないよ。これからどんなことがあっても先生は君のことほっとくよ…」と意地悪くいってみた。すると彼ははじめて本当の気持ちを口にした。「いやだ。今まで通り綜一郎や哲也を注意してほしい…」と。しんとした大広間にやけに声がひびいていた。その時から彼は私に本音を語るようになった。

政男は社会科見学に行く途中の駅のホームで、哲也にほほを殴られるという事件があった。偶然その場面を見かけ、走っていって哲也をしかった。その時、政男は「ぼくは平気」といった。「平気だったら、殴られてもいいのか。これからもそれでいいのか…」とつめ寄り、やっと「本当はいやだ」といえた。電車に乗ってしばらく走ってからのことだ。それから彼は、いやなことはいやだといえるようになった。

圭彦は5年生のときもよく暴力を受けていた。4月のある日、隣のクラスの男子から殴る蹴るの暴力を受けた。相手にきっちりと謝罪をさせることで、二度と暴力を受けなくなった。

秀斗さんのお母さんから12月の個人面談でこんなことをいわれた。「先生、2種混合のためかかりつけの小児科に行ったら、『久し振りね、この4月から一度も来てないね』といわれました」と。昨年は自家中毒やその他の理由で月に一度は必ず病院に行っていたとのこと。昨年はよく哲也に暴力をふるわれていたらしい。4月、給食が始まってすぐのこと。強い子が弱い子たちの給食をくれといってもらう場面を見かけた。明らかにしぶしぶあげている様子だった。即刻、給食のやりとりは禁止にした。秀斗はよくそのターゲットになっていたのだ。

健人、担任になってから一番気にかかる子だった。いつもニコニコしているが何か常に人にあわせている感じがした。匠や弘昌に遊ばれている様子がうかがえた。日光に行った折、帰りの電車の中で遊びがエスカレートして腕に傷をつけられてしまった。それでも大丈夫という健人に「この傷をお母さんが見たらどう思うのかしら…」といったら今までがまんしていた心の糸が切れて泣き出した。このときから彼は、自分に無理をしなくなった。今は自分に合った友だちとのびのびと遊べている。

一人ひとりが抱える問題や悩みを担任は敏感に感じ取りその心にていねいに寄り添ってあげることが何より大切であると思う。民主的なクラスを作るのは全体への指導と、そして一人ひとりの子どもの心に寄り添い力になり、信頼関係を持つこと、そして自分を大切にする心を養っていくことにあると思う。

何回でも約束をする、そして信じる

今さらいうまでもないが学校の教育活動は、家庭からのご理解とお力添えがあればこそ、その効果がより増し、子どもたちの成長を促すことができる。そのためには機会をとらえて学校及び学級での日々の活動をお知らせし、また場合によっては家庭と連絡を取り合い協力を求めることも必要である。しかしそれは子ども本人の頭ごしに行われてはならない。まず大切なことは子どもと教師との信頼関係を築くこと。その上でどうしても家庭のお力をお借りしなければならない時に限って連絡を取る。決して教師の思うようにならないからといって「なんとかしてほしい」式の協力を求めてはならないと思う。

1学期、どれだけ暴力事件に直面しても、こちらから家庭には一切連絡をとらなかった（相手にけがをさせてしまった1件については双方に連絡した）。

その都度、事情を聞き、なぜそうしてしまったのかを一緒に考え、そしてこれからの約束をして終った。約束をしたからには、こちらも100パーセント信じて明日を迎える。何度となくその約束は裏切られたが、それでもまた約束する。そして、少しずつではあるが努力している姿、成長してきたことに気付いた時、チャンスをとらえてほめてあげる。決して、いいっぱなしにしてはいけない。

みんなで映画を見よう―バックトゥーザフューチャー―

何年か前にこの映画を初めて見た時、なにか哲学的なものを感じた。

「主人公マーティンが30年前にタイムスリップする。そこで見たものは不甲斐ない自分の父の若き姿。マーティンは父を応援する。そして勇気あるパンチ1発をならず者ビフに浴びせる…。現在にもどってみると、父は有名な推理小説家に出世していて、ビフはマーティンの家の使用人になっている…」というもの。

一見ありえないようなストーリーだが、「今、現在をどう生きるかによって、人生が変わっていく」という大きな命題が込められている映画だと思う。

映画を見ようと私がいい出した時、子どもたちは大いに喜んだ。しかし、「バックトゥーザフューチャーだよ」というと、半分の子は「なんだ」という様子だった。「勉強よりいいや！」という声もした。

なかなか予定が入れられなくて、いよいよ見るはこびとなったのは2週間後だった。正味2時間の映画、途中休けいを入れたが、今までのどんなビデオよりも集中していた（十分楽しんでいた）。

映画を見終って、「先生がなぜ、この映画をみんなに見せたかったかわかる…？」と聞いてみた。「わかんない」「おもしろいから」「勇気をもちなさい！　っていいたいの」「ううん、ちょっとちがうんだなあ」「実は…」といって、ねらいを話して聞かせた。

その後感想を書いてもらった。

学級通信　11／26号

子どもたちの感想

■ぼくは、「バックトゥーザフューチャー」を見て、（自分の未来も捨てたもんじゃないなあ）と思った。なぜなら、主人公が、父の人生を変えたからだ。タイムマシンがなくても、1回の人生で、できるだけ良い人生にしたいと思った。

■未来を変えるのは、誰でもなくて、今の自分なんだと思った。今だって、遊んでいるだけじゃだめなんだと思った。

■私は、1度この映画を見たことがあるけど、その時はまだ小さかったので、別にただ（ああ、おもしろかったなあ）とか、そういうことしか思いませんでした。でも、今日、先生に見せてもらって、先生に「その時に少しでもがんばるか、がんばらないかによって、未来もかわるんだよ」といわれて、私もなんだかそんな気がしてきました。どんなにささいなことでも、がんばれば、きっと後で自分に役に立つと私も思います。

■ぼくは、たったひと言の言葉や行動で、大きく歴史がかわってしまうということがわかった。もし「バックトゥーザフューチャー」を見てなかったら、ぼくの歴史に大きな変化がなかったかもしれない。ぼくは、こういう映画が好きなので、ものすごく楽しかった。

先生この頃やばい話がないねえ

2学期も終りに近付いた頃、綜一郎が「この頃やばい話がないねえ」という。やばい話というのは、何か子どもたちが悪いことをしたあと、私が「こんなことがありました…」といって全体に懇懇と話すことである。続けて綜一郎が「ぼく、悪いことしちゃおっかなあ」という。「やめてよ。やばい話がないっていいことだよ」といってクラスのみんなで笑い合った。平和であることをみんなで確かめ合えた時間だった。

カンニング——この先、この人はどうなっちゃうの——

これが2学期最後の私の説教（?）だったと思う。学期末にはどうしてもテストが集中する。私はテストはどんな小さなテストでも予定表で予告する。少しでもテストに備えてほしいからだ（この習慣は親からもよく感謝される）。ところが、小学生は、どうもカンニングに対する罪悪感がうすい。というより、半分は盗み見るというより、つい目が見てしまう…といった具合だ。だから、あんまり厳しい注意の仕方をしたことがない。せいぜい「見る気がなくてもついつい目がいってしまう気持ちはわかるけど…。やめようね。自分の力だけで解こうね…」とやんわりと注意する。すると「はっ」と思いあたる子は気をつけるが、「自分がいわれているのではない」と思っている子は相変わらずカンニングをし続ける。このままでは本当にわからないところがそのままで終ってしまう。とても心配になり、次のように、みんなに語りかけた。

「残念ながら、テストの時に、まだ友だちの答えをつい見てしまう人がいるんだけれど。友だちのを見て、丸をもらって、何になるんだろう。確かに、丸をもらえば『こどものすがた』の評価が〝もう少し〟から〝良い〟になる。それで何になるんだろう。家の人にほめられる。それだけのことじゃないの。……。先生は心配だよ。この人、この先どうなっちゃうんだろうって心配だよ。本当は三角形の面積の求め方知らないのに、先生から（丸）をもらってしまって、……。いつ三角形の面積の求め方を知るの。知るチャンスを失うんだよ。自分をごまかしてしまうと、自分を成長させるチャンスを失うんだよ。それでいいんだろうか。先生カンニングをして（丸）をもらって、〝ああ、もうけた…〟と思っている人にいいたいよ。それで本当にいいのって…」

最後までカンニングをし続けた3人は、目をふせたまま聞いていた。

まわりの子も、自分のことではないけれどカンニングをしなくて良かったという思いをして聞いてくれていたように思う。

田中正造の話—耳に痛い話はやがて役に立つ—

社会の教科書に、富国強兵時代の流れの中で足尾銅山鉱毒事件と闘った田中正造が載っている。時代背景と田中正造が成しとげたことを話した後で、こんな話をした。

「正造が小さい頃のこと。人形の絵を書いたところ使用人から似ていないといわれた。それに腹を立てた正造は使用人に向かって激しく怒りながらおまえが書いてみろとつめ寄った。その様子をそばで見ていた母親は雨が降りしきる夜の外に正造を引きずり出し、激しくしかったという。お前は名主の子どもだ。名主というものは……」と。

「田中正造が大人になり、農民のために自分の人生を投げ打って闘えたのは、この時のお母さんの言葉が頭のどこかにあって、思い出されたからなのかもしれないね。みんなも時として、家の人から、または地域の大人の人から耳に痛いこと、うるさいなあと思われることをいわれることがあるかもしれない。その時は、まずその言葉を素直に受け止めてごらん。その言葉がやがて、いつか自分の役に立つ時がくるかもしれないのだから…」と。

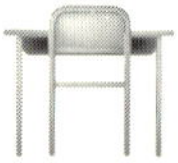

綜一郎も見なけりゃいいんだよ —明さんありがとう—

いつだったか、綜一郎が「先生、このクラスの女子おかしいよ」といってきたことがある。どうしてかと聞くと「ぼくが○○先生のこと悪口いうと、笑うんだよ。何がおかしいんだろう」といった。彼の感性は正しいと思う。

実はこのクラスを持った時から、私が覚悟を決めていることがある。それは、どんなに理不尽なことがあっても、それを見た女子が止めもしないし、私にも伝えないことを、決して、せめないということだ。いつもの年なら「見ていながら止めなかったり、知らせないことは、その行為を許していることなのですよ」と教えてきたが、一切それをしないことにした。5年生の1年間、自分の目の前でどんな状況が起ころうと、見て見ぬふりをしてきた子どもたち。前担任の味方をしようものなら、教室に戻ると机がひっくり返っていたという。前担任が子どもたちの暴力にさらされている時、「教頭先生を呼んできて…」といっても無視していたこともあったという。そんな経験を持つ彼女たちに私の力になってくれることを要求しないし、期待もしないと決めたのだ。ところが、1学期の半ば頃から、時々私の言動にフォローを入れてくれる男子がでてきたのだ。一瞬の言葉、ひと言なのだけど、確かに私を助けてくれている言葉なのだ。

ある日、私のいった言葉に哲也が「それは差別だ差別だ！」といい出した。「どうしてそれが差別なの」といって、わけを話し出しても聞く耳を持たない。その時、私が困り果てている様子を見た匠が「キャベツだ！」といったのである。もしかしたら偶然のごろ合せだったのかもしれないが、そのひと言でみんなが笑って、この話は終りになった。

また、ある時は、綜一郎の冗談が激しすぎて、授業が止まってしまった時、なんと哲也が「いいかげんにしろよ！」といって綜一郎に注意をしてくれたのである。

特に航太とのかかわりで起きたことには航太の味方をしてくれる子は皆無に近い。しかももう少しで冬休みというある日のこと、綜一郎が、「航太がこっちをにらんでくるんです」といい出した。航太がにらむにはその前にそれなりのわけがある場合が多いのだが、子どもたちはにらんできたことだけを訴えてくる。

そして、今日も、いつものごとく「にらんでくる、むかつく！」と激しく攻撃し出した。すると、明が「綜一郎も見なければいいんだよ」といったのである。この言葉は決して航太を味方をしているわけではないが、綜一郎を確かにたしなめているのである。この言葉で綜一郎は黙ってしまった。

あの暑い運動会の練習から始まった2学期が今日で終る。作っては流され、そしてまた作る波打ちぎわの砂工作のようでもあった。

しかし、確実に崩壊の波は引いている。一人ひとりの声が聞こえる。生き生きとした声が聞こえる。今、教室にはりつめた空気はない。ふと気がつくと、最近、リポビタンDを飲んでいなかった。

第3章

とうとう3学期　54日の闘い

決心するんだよ—何度でも約束する—

とうとう、本当にとうとう3学期を迎えた。日数にしてわずか54日の3学期。

一人ひとりを激励する思いで、「備えあれば憂いなし」の話をした。

悔いを残さず、自信を持って4月を迎えるために、3学期も一人ひとりがんばっていこうと語りかけた。

そんな登校日の2日後のこと。学級活動の時間に体育館でドッジボールをしていると、どうも哲也の行動が気になった。よく見ると、ボールをパスするふりをして、思いっきり味方の友だちに投げつけたり、ボールを取るふりをして友だちをつきとばしたりしている。また、自分が当てられたにもかかわらず、ボールを持ってそのまま外野に出たりと、したい放題な行動をとっているのである。その行動が、相手と了解し合っている冗談や勘違いでないことを確認してから哲也を体育館の外に呼び出した。

哲也は自分が悪いことをしてしまったことを認めるように、素直に外に出て床に座った（1学期に比べるとずいぶん成長した、1学期は悪いことをしても「うるせえ」を連発して、素直に話が聞けなかった哲也だ…)。

私もそばに座って、しばらく何をいおうかと黙って考えた。哲也も私の言葉を待っているかのように下を向いて黙ったままだった。

「周りの人ががまんしているの…わからないの。何人もの人が、がまんしているじゃないの…。おととい、3学期がんばっていこうって話したことは、勉強のことだけじゃないよ。まわりの人の気持ちを考えて行動することもがんばることなんだよ…」。哲也はその言葉を聞きながら足ふきマットのごみをむしっていた。「…。あなたは、わかっているんだよね。自分のしてしまったことがいけないってことを…。わかっているのになぜまわりの人のことを考えない行動をとってしまうのか。なぜだかわかる…」。哲也の返事を待ったが、哲也は黙ったままだ。…自分にあいそうが尽きた…という様子にも見えた。1学期に感じられた体中にはりつめた力は今はなく、ぼんやりと…しかし、私の次の言葉を待つかのようにうなだれていた。「…それはね。あなたが決心しないからだよ…。もうやめようって、もう友だちに迷惑かけるのやめようって。心の中でちゃんと決心しないからだよ…。本当に決心しようよ。自分でそう決めるんだよ…」。ここまで話して、後は彼の心の整理を待った。……。黙ったままの姿に、確実に、自分を見つめている心が感じ取れた。それから、しばらくして哲也の口からポツリと「わかった」という言葉が出た。それを聞いて、私も「信じてるよ。先生信じてるよ。そして、見ているからね、がんばろうね」と話した。

何度約束が反故にされようと、次の行動を信じて約束する。何回でも子どもを信じてしきり直しをしてあげる…。

いい姿をみんなで残していこうよ

哲也と話をした、その日の午後。5校時の授業のため教室に向かうと、男子5、6人が窓の外を指さして笑っていた。そして口々に「やばいよ」といっている。

何のことだろうと思いながらも授業を始める。放課後、子どもたちが指さして笑っていた方向あたりを見てみると、何かが入ったスーパーの袋が給食室の屋根の上に落ちていた。誰かが投げたのだろうか…。いや、前からあったものかもしれない。そう思いながら教室をふと見ると、ロッカーの上に置いておいたはずの牛乳パックを入れた袋がない（前日当番が給食室に戻し忘れたものを袋に入れておいたのだ）。

いや、だからといって、屋根の上にあるものが、それとは限らない…。と思いながらも2学期のはじめ周平が、ベランダから物を投げて以来久々の出来事に、「今だもってこんなことが起こるのか…」という情けない思いがしていた。

次の日の早朝、子どもに気付かれないよう、まず袋の中身を確認しに行った。あけてみるとやはり、きのうの昼までロッカーの上に置いておいたスーパーの袋であった。

「どうしよう。このまま、私が拾って捨ててしまえば済むことだ」。…考えたあげくやはり事実をはっきりと話すことにした。

1時間目から、いつ話し出そうか、どう切り出そうかと悩んでいるうちに午前中の授業が終ってしまった。給食を食べ終えたとき、ごちそうさまの前に話すことにした。

「昨日までロッカーの前にあったスーパーの袋、今どこにあるか知ってる人…」と聞くと、誰も知らないという。「そう。先生は知っていますよ。…。そして、この中にも知っている人がいるはずですよ。その人たちはなぜ知らないというのですか……」。

「先生は誰がなげたのか知らないけれど、知らないという人たちにいいたいです。なぜ知らんぷりをするのですか。自分がしなければそれでいいのですか。それでいいクラスになれるのですか。いけないことをいけないといい合うことで、クラスのみんなが良くなっていくのではないですか。誰があのごみ袋を拾いに行くのですか」とここまで話すと、しんと静まりかえった教室に哲也が「ぼくです」といって、立ち上がった。

「そう。じゃあとりに行きなさい」と告げた。哲也は静かに教室を出て行った。そのあと教室の子どもたちは誰も黙り込んでいた。

「ごみ袋を投げた哲也さんも悪いけど、それを許しているみんなも悪いよ…」

「卒業までにどんな姿を残していくんですか。…。いい姿をみんなで残していこうよ」と話した。ごちそうさまをした後、哲也が袋をもってもどってきた。

そして、こういった。「先生聞いて。ぼく、この袋投げたんじゃないよ。昨日カラスが非常階段のところに止まっていたから、袋で壁をたたいておどかしていたんだよ。そうしたら落ちちゃったんだ」と。

「そう。そうだったの。わかったよ。じゃあ、その時、拾いに行けばよかったね」というと「うん」と素直な返事が返ってきた。うれしかった。初めて彼から「聞いて…」という、相手に理解を求める言葉を聞いた。

「いい姿をみんなで残していこうよ」とのなげかけに答えてくれたのだろうか。3日後の月曜日、いい姿をみつけた。この週からシリーズ「卒業までに、どんな姿を残すか」を始めることにした。

学級通信1／21号

シリーズ

卒業までに、どんな姿を残すか。

月曜日のことです。数日、雨が続いて、中庭のプールに水がたまっていました。2階の窓から「今日は栓をぬいて、底を洗ってね」というと、「せっかく、水ためたのに…」と少々不満気でしたが、栓をぬいて洗い始めました。それからしばらくしてのぞいてみると、プールの底がすっかりきれいになっていました。

次の日、また上からのぞいてみると、なんとその日は、中庭に設置されたひな段のタイルをせっせとみがいているのです。水を運んできては、水をかけながらごしごしとこすっているのです。誰一人として遊んでいる人もなく、6人全員が夢中になって、掃除をしているのです。なんだか声をかけるのもためらってしまう程の姿でした。そして、次の日も作業が続けられていました。そして今日は、「やることがなくなったよ」というので「木の床の汚れをとってほしい」というと、今度はタワシでごしごし洗ってくれました。この6人の姿に「今まで、こんな熱心に中庭掃除をしてくれた6年生はいない…」と水島先生も絶賛。卒業前に残す、いい姿だなあと思いました。

航太は相変わらず、自分がしてしまったことでも勘ちがいして「ああー。○○君がやった」といってしまう。今日1月19日も、机の上のめがねを落とし（ひじが当たったのだが本人は気付いていない）、「匠君が落としたあ」といってしまった。匠は「冗談じゃねえよ…」といって、でも笑っている。みんなが航太のまちがいを大らかに受けとめてくれるようになった。また航太が授業中大きな声でしゃべり出しても、1学期のように寄ってたかって、「うるせえんだよ」「だまれ」という罵声をあびせなくなった。私が注意するのをちゃんと待っていてくれる。

最後の学級懇談会—初めて知った保護者の思い—

3学期は短い割に行事が目じろ押しだ。児童会行事は2つ（椿小まつり、6年生を送る会）、父母会行事（お泊まり会、卒業お楽しみ会）、学校行事（お別れ遠足、卒業を祝うつどい）、例年だとお泊り会はないのだが今年は特別に企画された。

4月の懇談会が終わった後、残られた学級委員さんから、「去年のつらかった分、子どもたちを今年、いっぱい楽しませてやりたいのです」といわれた。そして、企画されたのが、7月の夕涼み会、12月の餅つき大会であった。特に夕涼み会は、子どもたちにまたやりたい…といわせた程誰もが楽しいと思えた会だった。その声に応えて企画されたのがお泊まり会であった。
卒業までの行事の説明をしたあと、今のクラスの様子、子どもの様子について話をした。そして、懇談会はこれが最後となるので1年間の家庭からの御支援に心からの感謝の思いをお伝えした。そして次に家の方から順番にひと言ずつお話していただくことになった。ひと言ひと言を聞きながら胸が熱くなっていった。

慎二・母……1回目の懇談会で、私涙が出そうになりました。先生の温かい言葉に感動して家に帰ったことを覚えています…。

悟・母……最近、このまま別れてしまう気がしないのです。子どもたちは今とても満足しています…。

圭彦・母……すっかり病院のお世話にならなくなりました。本当にありがたいと思っています。

良介・母……この1年間、毎週家族のみんなで学級通信を読むのを楽しみにしていました。まさに平田節で、親子共々学んだ1年間でした…。

一智・母……学校をすっかり休まなくなりました。

健人・母……先生の子どもへのアンテナの高さ、広い視野があったからこそすごせた1年間です。感謝の気持ちでいっぱいです。

健人さんのお母さんがそういって泣き出したのをきっかけに、あちこちからすすり泣く声が聞こえてきた。

孝・母……ひと言でいって、先生に受け持ってもらって本当に良かった…。

理花・母…毎日学校に行くのが楽しいといっています…。

洋美・母…安心して学校に行けるようになりました…。

匠・母……うちの子はうんと優しくなりました…。

りか・母…もう学校に行くのはいやだといっていたのがうそのようです…。

沙月・母…この間主人が先生は何気なく授業をしているように見えるけど、大変準備をしている。こんな理想的な先生に出会ったことがないと感激していました。そして、子どもの変わる可能性におどろきました。こんなにも子どもって変わるんだと、とてもこわくなりました。この1年間、大人の私たちも学ばされました…。


…………………………………………

身に余る言葉をいただきながら、ああこんなにも子どもと学級の様子に目を向けてくださっていたのだ。決して担任が替わったからもう安心と思っていらしたわけではないのだ。ちゃんと見ていてくださったのだと思えて、こみ上げてくるものを押さえきれなくなった。どんなに学級通信でこちらの思いを伝えても何の反応もなく、出しても出しても返事のこないラブレターを書いている思いがずっとしていたのだ。春休み養護教諭の水島先生のところにたずねていらしたりかさんのお母さんが「1年間とっておいた学級通信を読み返しながら泣いています」とおっしゃったと聞いたのは4月になってからのことだった。

先生、あやまりに行くよ

2月3日は節分だ、その日の給食に袋入りの豆が出た。何でもやってみたい彼らのこと、案の定「先生豆まきしたい」といい出した。「わかった。でもそれじゃあ教室の中だけにしてね。そしてやるのは昼休みだけだよ」といった。

みんな大喜びして、ごちそうさまのあといよいよ豆まきが始まった。豆まきといっても彼らがするのは2派に分かれての豆合戦だ。私も豆にあたってはならぬと、早々と教室を出た。

昼休みの終るチャイムが鳴り教室のもどると、女子が寄ってきて「先生、大変。傘がこわれちゃったよ」という。見ると緑色の傘が1本、とても閉じられない程に骨が折れていた。事情を聞くと、男子が豆合戦の盾にして使っていたのだという。よく見ると孝という名前が書いてあった。孝はその日欠席であった。豆合戦に参加したものは、口々に「やべえよ、これ」とはいうものの「おれじゃない」といっている。さて、どうしたものか…。わざと壊したわけではないとは思われるけれど、事実、今1本の傘が壊れているのだ…。孝が2日後登校してくるのを待つことにした。

2月5日。さよならの前に「豆合戦した人残ってください」と告げる。「傘のこと?」綜一郎がきく。「そう」と返事をしてみんなを集める。

子どもたちは集まりながらもう口々に「孝! ごめんな」といっている。

みんな（10人）が集まったところで「ちゃんと事情を説明してあげないと孝さんだって、よくわからないよ」という。するといつもはすぐにめんどうくさがる哲也が、ていねいに説明し始めた。その説明が終って改めて、みんなが「ごめんな」と、口々にいった。あやまり終った子どもたちの顔はなぜかずいぶんすっきりとした顔をしている。10人であやまっているせいだろうか。さあ、もうこれで終ったよ…という雰囲気だ。しかし、これで終るわけにはいかないと思った。

「孝さんは今『ああいいよ』といってくれたけど、これでいいのかなあ…。先生ちょっと心配だよ。傘を買ってくれた家の人はなんと思うだろうか。すると綜一郎がすかさず「こんな1

本の傘ぐらいのことで怒る親いねえよ」といった。「そうとは限らないよ」というと、哲也が「傘なんて100円ショップで売ってるよ」という。「孝さんの傘は100円じゃないし、値段の問題じゃないよ」といった。すると哲也が「そうだったらどうなの…」という。そこで「どうしたらお家の人にも許してもらえるか、みんなで考えるんだよ…」と伝えた。すると綜一郎はあくまでも「こんな傘ぐらいのことで怒る親なんて変だよ。もう孝にあやまったからいいじゃん」と激しい口調でいう。

あやまる…という行為は、相手に許されて始めて、あやまった意味をなすのである。しかし、綜一郎の心の中には常に、「あやまったから、それで終り。つべこべいわれる必要ない…」という思いがある。10人であやまりはしたけれど、「もうあやまったんだから、いいじゃん」という言葉が出てきてしまっては、目の前の孝はどんな思いがしているだろう。

「じゃあ。このかさをさして盾にしたのは誰なの…」と聞いた。すると、一人ひとり「おれじゃない」「おれじゃねえ」という。翼は「わかんねぇ」、匠も「わかんない」という。そう。「誰でもないの。みんな『おれじゃねぇ』『わかんない』っていっているけど、さっきみんなであやまったのは何なの。あやまってもらたって『おれじゃねえ』『わかんない』っていわれたら、孝さんだって、あやまってもらった気がしないよ」。

綜一郎はあくまでも「だから、もうあやまったんだから、それでいいじゃん」という。「あやまっても、みんなが自分じゃないっていったら、あやまったことにならないよ…」と、私も声高にいった。すると綜一郎は「だから電話かけるっていってるじゃん!」という。

綜一郎と話していると時々あることなのだが、話のなり行きでやっとたどりついた言葉を前からいっていたかのように「だから…といっているじゃん」という。「そうじゃないでしょう。今までいろいろ話してきてやっと今、一つの方法が出てきたんでしょう」と私。すると「順番なんかどうだっていいじゃん」となおもいいはる。

ここまで話してきてなぜかとても後悔していた。あと1ヵ月で卒業だというのに、今になって子どもたちと対決することになってしまって。今まで築き上げてきた関係が、音を立ててくずれていくような気がした。そして、このままでは終れない…と思った。

「先生はね、今日こんなに話がもつれるとは思ってもみなかったよ。初めみんなで孝さんにあやまってくれたこと、それはえらいと思ったよ。そのあと、お家の人の気持ちはどうだろうと話した時、みんなで良い方法を考え出してくれると思ったよ。それなのに、『かさ1本のことで怒る親いねえよ』なんて話になっちゃったでしょう。それじゃあ、本当に悪かったってあやまったことにならないでしょう……」。そこまで話すと、匠が「ぼく、直接あやまりに行きます」といい出した。すると、2人が続けて、「ぼくも」「ぼくも」といった。すると哲也が「先生も最初からいえば良かったんだよ。まわりくどいんだよ」といった。「そうじゃないよ。先生が初めからこうしなさいっていったら、それは先生にいわれたから行くことになるんじゃないの。先生は、自分たちはどうしたら良いのか、みんなで考えて、答えを出して欲しかったんだよ…」といった。

すると哲也が「じゃあ、みんなであやまりに行こう」といい出した。さっきまで綜一郎といっしょになって反対意見ばかりをいっていた哲也である。哲也は人の気持ちがわかると、いさぎよく行動する子だ。

この日、哲也の声かけでみんなで孝の家にあやまりに行った。夜、孝さんのお母さんから電話があった。「先生、びっくりしました。みんなとっても立派な態度でした。かさ1本のことでわざわざ…と思いましたが、きっと先生にお考えがあったのだろうと思いましたので、あやまっていただきました…」とのこと。この暗黙の了解がとてもうれしかった。

月曜日、子どもたちは何事もなかったかのように明るく元気に登校してきた。

卒業間際の修羅場であったけれど(一時は後悔もしたが)話し合って良かったと思った。

この日以来、彼らとの間で何が起ころうともう大丈夫、関係が崩れることはないだろう…と自信を持つことができた。2月5日のことである。

椿小まつりの取り組み

本校では児童会行事として3学期に「椿小まつり」というものがある。クラスあるいは学年単位で、子どもたちがお店を出し、一日を楽しむ日だ。クラス全員でやりとげたという充実感を味わえる運動会につぐ行事でもある。3学期の目標を考えるのと一緒に「椿小まつりでがんばろうと思うこと」と題して、書いてもらっていた。1月20日過ぎからの取り組みスタートに先立ち、一人ひとりのめあてを通信に載せた。目標とかめあてというものは、個人的な決心なのだから、今までも行事の都度、書いてはもらったものの名前は伏せてきた。しかしここにきて、初めて個人名を載せてみることにした。案の定、通信を配布すると、「ええ、先生名前載せたの～」という声があがった。「そうだよ。みんなすばらしいめあてなんだもの、みんなに知らせたくてね」と答えた。1学期ならば「ふざけんなよ。聞いてねえよー」といわれてしまうところだったが、改めて、自分のめあてに目を通しながら照れながらも誇らしげだった。そして、みんなの前で明らかになってしまった今、やるっきゃないでしょ…といわんばかりに、その日から話し合い、準備に、どの子も実によく動いていた。
　この年から初めて保護者も参加することになった。そのことも大いに彼らのがんばりに拍車をかけたのかもしれない。最後の片付けまで遊び出す人が一人もいなかった。

学級通信　2／19号
友だちがみつけた、がんばっている姿

・孝さんがいろんな人に景品の説明をていねいにしていた。
・……さんが、担当じゃない時でも手伝ってくれた。
・道夫さんが後半のショットガンタッチの仕事を一生けん命やっていた。
・公二さんが、低学年や中学年の人にすごく優しくしていた。
・……さんがとび箱の中のごみをとってくれた。
・……さんがショットガンタッチでボールを落とす仕事を1人で最後までがんばってやってくれた。
・広さんがお母さんたちにルールを説明していた。
・……さんが片付けのとき、ネットをギャラリーにのせるのを、がんばってくれた。

・……さんがとび箱を運ぶのを手伝ってくれた。
・翼さんが机を運んでいた。
・弘昌さんがとび箱を運んでくれた。
・沙月さんが、8段のとび箱を片付けるのを手伝ってくれた。
・悟さんが重い机を上から運んできてくれた。
・りかさんが自分の仕事を一生けん命やっていた。
・志織さんが1人で大変そうな人を見て、手伝いに行っていた。
・匠さんが一しょうけん命、お客さんをよんでいた。
・慎二さんが、ギャラリーに人がいない時、登っていってボールを落としてくれた。
・聡さんが遊ばないで一生けん命働いていた。
・航太さんがモップで体育館の床をていねいにふいていた。
・良介さんが自分が働かなくてもいい時でも働いてくれた。
・政男さんが重い机を上から運んできてくれた。
・理花さんが私たちが使ったとび箱なのに片付けてくれた。
・健人さんがお客さんに一生けん命さそっていた。
・圭彦さんがお客さんに「おもしろいよ」とかいって集めていた。
・哲也さんがやり方のわからない人にくわしく教えていた。
・……さんが審判の仕事を熱心にやっていた。

・……さんが片付けのとき、きちんとやっていた。
・周平さんが一しょうけん命記録をとっていた。
・秀斗さんがパイプいすをきちんと片付けていた。
・……さんがなわにタオルをしっかりとつけてくれた。
・……さんが人一倍がんばっていた。いろいろなことに全力で働いていた。
・……さんがマットフラッグの全体のことをしきってくれた。
・……さんが低学年に見本を見せて一しょうけん命教えていた。
・……さんが休み時間になっても仕事をしてくれていた。
・明さんが自分が働かなくもいい時でも、手伝ってくれた。
・一智さんがお客さんへの説明を一生けん命やっていた。

（12月、夏江が転出し36人となる）

先生、うれしそうに笑っててずるいよ

1月の末ごろから、誰がいい出したのかわからないが、偵察隊が始まった。偵察隊とは朝の職員打ち合わせを終えて、教室に向かう私を廊下の角で隠れて待っていて、「きたー!」とい

って教室に逃げ込む集団のことである。特に、私をだますとか、悪いことを隠すためにしているわけではないのだが、「こらあー!」といって追いかける私に見つかるまいとして逃げることを楽しんでいるのである。初めは哲也・周平・広の3人で始まったのだがだんだん人数が増えてきていた。そして、ある日のこと、とうとう偵察隊は、職員室のドアのすぐ外まできていた。2月7日のその日は、もうはっきりと哲也がドアの外から職員室の中をのぞいているのが見えた。

その日も暗黙のお約束どおり、「こらあー」といって追いかけた。そして教室についてから、「先生にはわかるぞ、今息のあらい人が偵察隊をした人です」といった。

すると、わざと一斉にみんなが荒い息をし始める…。そこで私も一笑にふして終った。すると、哲也がこんなことをいい出した。「先生ずるいよ。職員室で、ものすごくうれしそうに笑っていたよ。ずるいよ」と。私の笑いをずるい、うらやましい…と思う哲也が可愛らしく思えた。偵察隊は3月まで続いた。可愛くてたまらない人たちだ。

最後の姿―それぞれの輝き―

いよいよ3月を迎えた。職員会議では、もう4月の行事が話し合われる。入学を祝うつどいの案が提案されたその時、1年前の子どもたちの様子が不意に思い出された。友だちの笛をわざと落とす。座れない子。とめどもない話し声。はらへったあと叫ぶ声…。そうなんだよ、そんなことがあったんだよ…。と。

3月17日は卒業を祝うつどい（卒業式）、本校は6年前から卒業生が1人でまたはグループで自分のやりたいことを発表する時間を設けている。合奏、ダンス、マット運動、などなどで自分が一番みんなに見てもらいたい姿を見せたり、聞いてもらいたいことを述べて卒業していくのだ。

その取り組みは実に熱心なものであった。

かつて画びょうを座ぶとんの中に入れられて悲しい思いをした良介は、狂言「附子」を、健人と堂々と演じ、みんなをおどろかせた。何度となくいじめの対象となってきた航太は、詩の朗読をし、在校生のため息をさそった。

日光で航太に暴力をふるってしまったけれど、本音が語れるようになった翼は、鉄琴で「子どもの世界」を見事に独奏して、卒業していった。どの子も、与えられた30秒という時間の中で、思いっきり自分を表現して卒業していった。誰からも支配されず、誰への迎合もなく、一人ひとりがやりたいことを、見てほしいことを、聞いてほしいことを表現して卒業していった。

すばらしかったよ。卒業おめでとう。

崩壊をのりこえるために。そして崩壊を起こさないために

ここ4、5年学級崩壊がなぜ多くなってきたのか。その原因をつきつめていくと「社会のあり様」に行き着くことは誰もが認めるところだろう。50年前、誰がこの現状を予想しただろうか。人の心を満たすものが物の豊かさではないことがわかり、一人ひとりの心が満たされてこそこの社会が成りたっていくことがわかった今、あらゆる分野での軌道修正の必要性が語られるようになった。家庭のあり方、地域のあり方、教育制度のあり方、一般社会の状況、そして国政のあり方。

そして、教員一人ひとりも、今こそ学校とは何なのか、その存在意義を考え、教師の役割を真摯に考えていく必要があるのではないだろうか。学びの場が学校だけではなくなり、めまぐるしいばかりの新しい刺激があふれている社会に生きる子どもたちにとって、残された学校の役割、いや学校だからこそできることは何だろうかと。

昨今、崩壊学級への対応の方法が多方面で語られている。その方法の中にたとえば「本来、学校は学びの場であるのだから授業が基本である。魅力ある授業を」といわれることがある。

それを決して否定はしない。わかりやすく、しかも生き生きと子どもが活動できる授業が日々行われているクラスが崩壊することはめったにないのだから。しかしそれは授業が楽しいからおもしろいから、授業で満たされるから、学級が崩壊しないのか。私は、そうではないと思う。子どもが授業にのめりこみ満足できる授業を展開する、その教師の姿勢が、生き方が、子どもへの日々の対応が、子どもの心を満たすのだと思う。つまり、基本は、教師がどう子どもと向き合うかにかかっているのだと思う。

成長過程にある子どもは、自分の中に確固たる価値体系を持たない。そばにいる大人に認めてもらうことで自信を得ていくのだ。その大人が教師であればその満足感は計り知れない。また、どんなに大人（教師）の目から見て受け入れ難い行動をとってしまったとしても、その状況に至るには必ずなんらかの理由がある。そして、そんな時ほど子どもは大人（教師）の理解を心から求めているのである。心に寄り添うということは正にどんな時でも子どもの心の底にある思いにまでたどりついて一緒に考えることなのだと思う。

子どもはそばにいる大人（教師）にうれしい時も苦しい時も、悪いことをしてしまった時でさえ、そんな自分をわかってほしいのである。それは大人とちがって子どもがどんな場面でも真剣に一生懸命に生きているからなのだと思う。

だから、そんな子どもたちと日々過ごす私たち教師は、もしかしたら大人と接する時以上に真摯（謙虚）な心で向き合う必要があるのではないだろうか。そしてそんな姿勢で子どもと向き合おうとする教師は、必然的に子どもの実情に合った、子どもが満足できる授業を用意するものである。

よく語られている崩壊学級への対応方法は、子どもたちの心に寄り添いながら解決の糸口をみつけ出してきた結果なのだ。

そして、今こそ教師に求められていることは、その手法そのものではなく、日々真剣に生きる子どもたちと過ごす大人の代表者として、その思いを受けとめ、支え、励まし、限りなく愛することなのだと思う。

今、崩壊はどのクラスにも起こり得る状況にある。崩壊しないまでも、いやもしかしたら、崩壊学級以上に子どもが苦しんでいるクラスがあるかもしれない。

私の実践がすべての崩壊学級にあてはまるとは思わない。読んでくださった方々が、より確かな教育実践をしていく上での参考になれば幸いである。

あとがき

この学級崩壊をのりこえるにあたり、1年間あらゆる場面で私を支えてくださったのは、養護教諭の水島先生である。「先生方の心を支えるのも私の仕事」とおっしゃった水島先生には心よりの感謝の気持ちと敬意を表したい。

また、3年担任三好先生、金山先生、校長先生をはじめ支えてくださった椿小学校の先生方にもお礼申し上げたい。

最後に、この本を出版するにあたり労働教育センターの熊尾康成氏ならびに鎌田篤子氏に多大なお力添えをいただいたことに謹んでお礼申し上げます。

11歳の教室。 崩壊学級再生への道のり

2001年1月25日　初版第1刷発行

著　者　平田　ゆきえ

発行者　南　節子

発行所　㈱労働教育センター
〒101-0003
東京都千代田区一ツ橋2-6-2　日本教育会館
電話 03-3288-3322　FAX 03-3288-5577

デザイン・M2カンパニー／印刷・互恵印刷